행복을
포기하라

행복을 포기하라

초판 1쇄 인쇄 2024년 8월 5일
초판 1쇄 발행 2024년 8월 10일

지은이 오영철
발행인 전익균

이사 정정오, 김영진, 김기충
기획 조양제
편집 김혜선, 백연서, 전민서
디자인 페이지제로
관리 이지현
마케팅 (주)새빛컴즈
유통 새빛북스

펴낸곳 도서출판 새빛
전화 (02) 2203-1996, (031) 427-4399 **팩스** (050) 4328-4393
출판문의 및 원고투고 이메일 svcoms@naver.com
등록번호 제215-92-61832호 **등록일자** 2010. 7. 12

가격 19,000원
ISBN 979-11-91517-78-1 03190

힘들고 지쳐가는
나를 지키는
무행복의 역설

행복을 포기하라

오영철 지음

도서출판 새빛
AEVIT

삶의 무게를 좀
가볍게 하면 어떨까요?

사는 게 왜 이리 힘들까요? 경제지표는 이미 선진국에 진입했지만 사람들은 도리어 살기가 더 버거워졌다고 말합니다. 물론 우리나라 경제도 돌아보면 늘 위기였고 그것을 극복하는 과정을 반복했던 것 같습니다. 2030들은 이미 삼포세대로 전락했다고도 합니다. 어느 정도 기반을 잡아야 할 4060들도 그 속내를 보면 2030들과 별반 다르지 않습니다.

이런 세상을 살아가면서 삶의 무게를 더 가볍게 할 수는 없을까요? 어쩌면 그 방법은 생각보다 더 간단할지도 모릅니다. 사람들이 상식처럼 붙들고 있는 행복에 대한 강박증을 놓아버리면 그 무게가 조금이라도 줄어들지 않을까요?

행복이란 컨셉을 누가, 언제, 어떻게 주입시켰는지는 불확실합니다. 하지만 이제는 사람들 대부분이 그걸 상식처럼 받들고 있습니다. 또 바로 그것 때문에 그럭저럭 잘 살아가는 자신을 필요 이상으로 자책하는 부작용이 자주 나타나고 있습니다. "별로 행복하지 않아요."

다행히 세상 한켠에선 또 다른 움직임이 나타나고 있습니다. 거의 맹목적으로 행복에 집착했던 사람들이 거기에서 벗어나 삶의 만족감을 높여가고 있습니다.

이들은 인생이 고해라는 도그마를 거부하고, 삶을 하나의 게임으로 해석합니다. 그래서 쫓기듯이 행복을 추구하는 대신 게임을 하듯이 살아갑니다. 삶의 과정도 즐기고 그 결과도 즐기는 새로운 패턴을 보여줍니다. 이 책에서 소개하는 산전수전 J의 스토리도 그런 사례들 중의 하나입니다.

"행복을 포기하라."

산전수전 J가 했던 이 말은 무행복의 역설입니다. 일종의 정반합正反合이기도 합니다. 인생이 고해라는 정에 반발해 행복추구란 반이 나왔다면, 무행복의 역설은 제3의 결론인 합에 해당된다고 볼 수 있습니다.

무행복의 역설을 수용한 사람들은 더 이상 답답한 상식이나 묵직한 도그마에 구속되지 않습니다. 이들은 색다른 방법론도 가볍게 받아들여 놀라운 결과들을 비교적 쉽게 이뤄냅니다. 어떤 사람은 병원에서 포기한 말기암에서 예상치 않게 회복됐습니다. 또 어떤 사람은 경제적 자유를 얻거나 마음의 불안에서 벗어나기도 했습니다.

인생 실전에서 중요한 건 이론이 아니라 내실 아닐까요? 삶의 무게를 더 무겁게 만드는 도그마에는 이제 반론을 제기할 필요가 있지 않을까요?

눈앞에 이런 갈림길이 나타났다면 누구라도 선택을 해야만 합니다. 그런 선택의 순간에는 먼저 시행착오를 겪었던 사람들의 기승전결이 요긴한 이정표가 됩니다. 그런 이정표를 보면서 자신의 시행착오를 줄이면 줄일수록, 삶의 무게는 그만큼 더 가벼워질 것입니다.

'행복을 포기하라'라는 좀 자극적인 주제의 책을 출간하기까지 저자로서 적지 않은 고민도 있었습니다만, 지쳐가고 힘든 분들에게 이 책이 조그마한 자극과 힘이 되는 계기가 되기를 바라마지 않습니다.

차례

프롤로그   삶의 무게를 좀 가볍게 하면 어떨까요? __5

1장   행복증후군의 희생자들

산전수전 J의 죽었다고 복창 __15

다들 행복에 속고 산다 __18

금쪽이만 양산하는 행복 아이러니 __21

자의건 타의건 덫에 걸리면 __24

월소득 7백만 원 넘어도 하층이라니? __27

성공 따로 행복 따로 __30

왜 사냐고 물으신다면 __34

최고 버전의 나로 존재하기 __38

2장   무지개 소년2의 허망한 착각

무지개를 잡겠다는 개꿈 __45

불행의 원흉은 행복추구권 __48

행복이라 부르지만, 사실은 야바위 __51

행복의 정체는 겨우 11분? __ 54

행복 쓰레기는 분리수거가 정답 __ 57

행복의 포기가 현애살수 __ 59

겨우 이 따위로 살았다니 __ 63

죽고 싶은 병 넘어서기 __ 66

분별심의 안경도 시력에 맞게 __ 69

3장　문제를 기회로 바꾸는 기술

작심삼일로 스몰 점프 __ 75

1타 3피 맨발 걷기 __ 79

L 선배의 마지막 숙제는 치매 제압 __ 83

죽고 버리기의 강렬한 효과 __ 86

몸에 대한 집착 버리기 __ 89

쉽지만 강력한 호포(호오포노포노; 문제 해결법) __ 93

기상과 취침 전후의 15분 명상 __ 96

필살기는 하나면 충분 __ 98

자신을 위하여 만세삼창 __ 101

4장 무행복의 역설

초짜 시절의 건방진 생각 __107

발톱 하나만 다쳐도 악전고투 __110

조심할 건 발밑의 돌부리 __113

깔딱고개에선 단순 무식하게 __117

지나고 나면 그리워진다 __120

내면의 과객을 후하게 대접하라 __123

차라리 실컷 비참해지면 __127

외로움도 가짜다 __130

다시 태어나고 싶지 않다 __134

죽음 이후에 펼쳐지는 세상 __138

5장 10년만 더 일찍 알았더라면

대가의 가르침도 행복론은 허사 __145

무소유를 넘어 무행복으로 __148

인생 게임은 그냥 즐기는 것 __151

우리가 아주 특별한 이유 __155

이른바 행복론은 천동설이다 __158

유리잔 마음을 페트병 마음으로 __161

테스형, 세상이 왜 이래? __164

일상의 목적은 이것 __167

공수래공수거 vs 공수래만수거 __170

에필로그   맞는 말보다는 따뜻한 말을 __175

부록   행복론 어록 변천사 __178

1장

행복증후군의
희생자들

"우리의 모든 역할과 상황들 밑에 진정한 우리 자신이 숨어 있습니다. 거짓된 모습에 대한 환상을 버릴 때 진정한 자기 자신을 발견할 수 있습니다. 진정한 당신은 머리로 이해할 수 있는 것보다 훨씬 특별한 존재입니다. 하지만 진정한 자신이 누구인지 발견한 후에야 비로소 그 특별함을 누릴 수 있습니다."

엘리자베스 퀴블러 로스

산전수전 J의 죽었다고 복창

사업에서 산전수전을 다 겪은 J의 처세술은 "죽었다고 복창"입니다. 돈 놓고 돈 먹기, 피 터지는 사업판에선 존심이니 뭐니, 고상을 떨면 한 방에 날아가기 때문입니다.

"나는 이미 죽었어. 죽은 넘이 존심이 어딨어."

J는 택도 아닌 상대와 비즈니스 거래를 할 때면 자신에게 먼저 이렇게 최면을 겁니다. 출근할 때 오장육부를 집에 떼어 놓고 간다는 직장인들보다 서너 수 윗길입니다. 물론 그 효과는 기대 이상입니다. 새파란 연하가 인생이 어쩌고저쩌고 일장훈시를 해도 웃으며 받아줍니다. 상대가 도를 넘는 조건을 요구해도 일단은 들어줍니다. 그러면 나중에는 대부분 자신

이 원하는 방향으로 가닥이 잡힙니다.

그런 J는 성공했을까요? 당연히 성공했습니다. 초창기엔 치명적인 실패도 했지만, 그 고비를 넘어선 이후엔 손대는 사업마다 성공했습니다. 주식방송에, 교육사업에, 전문언론사 운영에, 출판사 경영까지..돈도 잘 벌었습니다. 또 피를 나눈 형제자매들도 힘껏 지원했기에 다들 자기 분야에서 이른바 상위 10%에 들었습니다. 남들이 보면 부러운 성공이고, 탐이 나는 가족애입니다.

그럼, J는 이제 아주 행복하겠네요? 하지만 여기에서 뜻밖의 반전이 일어납니다. 상대의 의표를 찌르는 답이 나옵니다.
"전혀 행복하지 않아요."
아니 왜요? 그렇게 많은 걸 이루고 가진 사람이 행복하지 않다니? 하지만 J는 진지합니다. 출판사 대표 입장에서 행복론을 출간했던 저자들에게도 조심스레 물어봅니다.
"이렇게 행복에 관한 책도 내셨는데, 선생님은 정말 행복하십니까?"
그러면 저자들도 머쓱해하며 속내를 털어놓습니다.
"그냥 행복한 척하는 거지요, 뭐."

이건 뭔가 불가의 고사 하나를 연상시키는 시추에이션입니다. 말을 타고 전력 질주하는 기수에게 이웃이 물었습니다.

"이보게. 어디를 그리 급하게 가시나?"

"몰라. 그런 건 내 말에게나 물어보라고!"

이런 장면들을 많이 겪으면서 J는 마침내 처세술의 진수를 터득했습니다. 행복을 포기하라, 바로 이것입니다. 쓸데없이 행복을 찾아 달리면 인생의 짐만 더 무거워진다는 것입니다.

J는 속세에서 돈을 다투는 사업을 하면서 뜻하지 않게 득도까지 하게 됐습니다. 행복을 포기한 사람에겐 더 이상 불행도 존재하지 않습니다. 그래서 진짜 출가는 속세로 하는 것이라 했나 봅니다. 삭신이 쑤시도록 1천 배를 올리고, 본성을 논하거나 묵상하는 것보다 피 터지는 사업판에서 진짜 깨달음이 이뤄지나 봅니다.

다들 행복에 속고 산다

"우리는 도대체 언제쯤 행복해지는 거예요?"

집집마다 아내들은 이렇게 바가지를 긁는 모양입니다. 그러면 남편들은 괜히 주눅이 들어 버벅거립니다.

"글쎄. 언젠가는 그렇게 되겠지."

가장의 체면상 말은 이렇게 하지만 별로 자신은 없습니다. 하루, 하루 살아가는 것도 버거운데 어느 세월에⋯ 그저 막막한 느낌이 듭니다.

지인 K가 이혼을 하고 새로운 인연을 만나 교제를 시작했다는 소식을 풍문으로 들었습니다. 서로 가치관이 너무 달라 그렇게 되었다고 합니다. 우리는 다들 행복해질 것으로 기대하며 결혼을 하지만 결혼 이후에 정말 행복하다는 사람은 별로 많지 않습니다. 대부분 숙제하듯이 살아가고 있습니다.

근데, 너나없이 그렇게 집착하는 행복의 실체는 도대체 뭘까요? 많은 돈, 높은 벼슬, 원만한 대인관계, 사회적 존경… 이런 걸 얻고 누리는 게 행복일까요? 만약 그렇다면 재벌급 자산가나 권력의 정점까지 올랐던 사람들이 스스로 목숨을 끊는 건 어떻게 설명해야 할까요? 천석꾼 천 가지 걱정, 만석꾼 만 가지 걱정이라고 합니다. 남들 보기에 부럽기 짝이 없는 사람들도 그 속내를 들여다보면 정말 행복할까요?

"속았다."

각고의 수련 끝에 마침내 득도하면 선승들은 이렇게 탄식했다고 합니다. 진리는 산 넘고 물 건너 아득히 저 먼 곳에 존재할 것으로 생각했건만, 막상 깨치고 보니 우리네 일상이 전부 진리 그 자체였다는 것입니다. 그 허탈감은 선문답에서도 고스란히 드러납니다.

"진리가 무엇입니까?"

"차나 드시게."

일상 다반사가 진리라는 얘깁니다. 매 순간 진리를 행하면서 진리가 무어냐고 묻다니..그냥 눈앞에 차려진 차나 마시라는 것입니다.

"개에게도 불성이 있습니까?"

"있다."

"개에게도 불성이 있습니까?"

"없다."

이건 색즉시공의 다른 버전입니다. 삼라만상은 물론 불성마저도 있으면서 없고, 없으면서 있다는 얘깁니다.

우리가 갈구하는 행복 역시 비슷하지 않을까요? 행복도 있는 것 같지만 없고, 없는 것 같지만 있는 것 아닐까요? 그렇기에 잡으려고 해도 결코 잡을 수 없는 무지개 같은 것 아닐까요? 양자역학에선 이걸 상호배타성의 공존이라고 불렀습니다. 물질은 파동과 입자의 속성을 동시에 갖고 있는데, 사람이 보지 않으면 파동으로 머물지만, 사람이 보면 입자로 변한다는 것입니다.

행복을 사극 버전으로 해석하면 성춘향 같고 황진이 같습니다. 미색에 탐이 난 변사또가 춘향에게 수청을 들라고 요구하면 단칼에 거부합니다. 격노한 변 사또가 곤장으로 매우 치면 춘향은 죽기로 저항합니다. 반면에 서화담 선생처럼 물러가라 내치면 황진이처럼 살포시 제 발로 침소에 들어옵니다.

금쪽이만 양산하는 행복 아이러니

25살 의대생 남자가 헤어지자는 애인의 목을 흉기로 찔러 숨지게 한 사건이 뉴스로 보도됐습니다. 그 어렵다는 의대에 합격하고 전도가 유망했던 한 청년이 졸지에 중범죄자로 전락했습니다.

내가 원하는 건 꼭 갖겠다, 갖지 못한다면 차라리 죽여버리겠다, 사람이 뭔가에 너무 집착하면 이렇게 됩니다. 상대는 물론 자신의 삶마저 파멸시킨다는 걸 뻔히 알면서도 그렇게 해버립니다. 이처럼 지나치게 자기중심적인 성향은 곳곳에서 드러나고 있습니다. 이른바 금쪽이들이 남녀 불문, 나이 불문하고 빠른 속도로 증가하고 있습니다. 심지어 사회 지도층인

정치권에서도 상대를 향해 대놓고 금쪽이라고 비난하고 있습니다.

어쩌다 이 지경이 되었을까요? 소설가 김홍신 님은 언젠가 사석에서 그 원인을 다음과 같이 분석했습니다.

"우리는 한강의 기적을 통해 배고픔은 해결했지만, 배 아픈 병을 해결하지 못했어요."

사촌이 논을 사면 배가 아프다? 이 특이한 증후군이 배고픔이 해결된 이후에는 행복증후군과 결합하면서 더 고약한 돌연변이로 변질되었습니다. 남들이 나보다 더 행복한 꼴을 못 봅니다. 너의 불행이 나의 행복이라는 변태적인 심성으로 더 악화됐습니다.

우리가 어쩌다 생떼만 부리는 5살 금쪽이로 전락했을까요? 신체 나이가 몇 살이 되었건 생물학적으론 아미그달라, 즉 뇌의 전전두엽에 많이 좌우되었기 때문일 것입니다. 아미그달라는 조물주가 사람에게 원초적인 생존을 위해 달아준 비상장치입니다. 사물을 좋다 싫다, 아군 적군, 이렇게 극단적인 대립관계로 파악하는 게 주기능입니다. 그렇기에 비상상황에서 극히 제한적으로 작동되어야 하지만 요즘은 일상에서도 이를 남용하는 것 같습니다.

곳곳에서 금쪽이들이 생떼를 부리면 세상은 문명 이전으로 돌아갑니다. 만인의 만인에 대한 투쟁이 일상이 됩니다. 가장 먼저 학교가 정글로 변했습니다. 힘센 아이들이 무리를 이루어 학폭을 자행합니다. 그걸 제어하면 금쪽이 부모들까지 가세해 아동학대니, 인권유린이니 하며 도리어 반격을 가합니다. 이런 추세는 학교 이외의 영역으로 계속 확산되고 있습니다.

자의건 타의건 덫에 걸리면

청춘들이 왜 결혼하지 않을까요? 결혼을 하더라도 왜 출산을 포기하고 강아지나 키우며 살까요? 원인을 따지면 백 개도 넘겠지만, 결정적인 이유 하나만을 꼽으라면 행복 가스라이팅 때문입니다. 거기에 넘어가면 결혼은 미친 짓이고, 출산과 육아는 더더욱 미친 짓처럼 보입니다. 그런 사람들에게 출산을 장려하며 돈 몇 푼을 집어준다고 과연 효과가 있을까요?

"부모님의 결혼생활을 보니 행복하지 않았어요."

"친구네 부모님들도 행복하지 않았어요."

이것이 삼포세대 청춘들의 속내입니다. 간혹 유튜브 등에서 이런 진심을 털어놓습니다. 행복해 보이지 않기에 결혼과 출산, 육아를 기피한다는 것입니다. 아이를 낳으면 나보다 더 불행하게 살 것 같다? 이런 공포감이 들면 겁이 나서 좀처럼 출산을 할 수 없습니다. 그러니 대충 연애나 하며 살고, 설사 결혼했더라도 툭하면 이혼을 해버립니다. 그리고 이게 대세가 되어버렸습니다.

근데, 인생의 목적이 과연 행복일까요? 도대체 누가 처음으로 그런 주장을 했을까요? 또 그에 대한 반론은 왜 그렇게 없었을까요? 산전수전 J는 사업에서 성공했지만 전혀 행복하지 않다고 했습니다. 그럼 권력에서 성공한 대통령은 행복할까요? 명예나 인기를 얻은 아이돌은 행복할까요? 일정 기간 반짝했지만, 나중에는 감옥에 가거나, 우울증에 시달리거나, 심할 경우 스스로 목숨을 끊는 게 과연 행복일까요?

이들이 행복하지 않다면 정반대의 조건에서 사는 사람들은 말할 필요조차 없습니다. 끼니를 걱정하고, 편하게 잘 수 있는 집 한 칸도 없고, 심지어 거동조차 불편한 사람들에게 행복이란 말이 가당키나 할까요? 죽지 못해 산다는 말이 더 정직할 것입니다.

붓다는 인생이 고해라고 했습니다. 생로병사가 모두 고통이니 부지런히 정진해 해탈하라고 독려했습니다. 하지만 그는 고해의 과정 자체를 그만두는 인생 중퇴에 대해선 가타부타 말이 없었습니다. 또 뭇 중생들의 숙제인 생업을 비롯해 결혼과 출산, 육아 등에 대해서도 별로 설명하지 않았습니다.

그래서 그럴까요? 한강의 기적을 이루고, GDP 기준으론 선진국에 진입한 대한민국에서 극단적 선택이 끊이지 않습니다. 자살률이 계속 OECD 1위를 차지하고 있습니다.

"어차피 내려올 산, 왜 오르냐?"

산행에 탐닉했던 시절 지인 중에 일부는 농반진반으로 이렇게 물었습니다. 그러면 반문으로 답변을 대신했습니다.

"어차피 죽을 인생, 왜 사냐?"

왜 사냐? 이제는 이 질문에 제대로 답변할 시점이 됐습니다. 행복하기 위해서란 답변은 그 부작용이 너무 심각해졌기 때문입니다.

월소득 7백만 원 넘어도 하층이라니?

한달 수입이 7백만 원 이상이면 어느 계층에 속할까요? 대한민국 기획재정부 기준인 650만 원을 적용하면 상층에 해당합니다. OECD 중산층 기준 167만 원에서 445만 원을 적용해도 역시 상층입니다. 대한민국 1인 중위소득인 222만 원보다도 3배 이상 많은 소득입니다.

하지만 당사자들이 느끼는 주관적인 감정은 이와는 아주 달랐습니다. 자신을 상층이라 인정한 사람은 1.3%에 불과했습니다. 반면에 자신을 하층이라고 응답한 사람은 12.2%나 됐습니다. 나머지 76.4%는 자신을 중산층으로 생각한다고 대답했습니다. KDI가 3천 명을 대상으로 조사한 '한국의 중산

층은 누구인가?' 보고서에서 드러난 수치입니다. 경제적 실제와 주관적 느낌 사이의 괴리가 터무니없을 정도로 컸기에 언론에서도 비중 있게 보도했습니다.

소득 수치상으론 명백한 상층이 자신을 하층으로 인식한다? 기껏해야 중산층으로 생각한다? 도대체 왜 이런 괴리가 생겼을까요? 연구진도 감을 잡지 못해 지난 10년간의 소득점유율 감소가 그 원인일 것으로 추정만 했습니다.

이건 마치 소설 '왕자와 거지'의 21세기 버전처럼 보입니다. 자신의 정체성에 극심한 혼란을 느끼는 시추에이션입니다.

"넌 왕자야."

"아니. 난 거지야."

"넌 왕자라니까!"

"아니. 난 거지라니까!"

그러면 왜 이런 혼선이 빚어졌을까요? 시대가 변했기 때문입니다. 21세기로 넘어오면서 시대정신이 물질에서 정신으로 이동했기에 나타나는 현상입니다. 곳곳에서 신경정신과 환자들이 급증하는 것과 같은 맥락입니다. 뉴스에서는 이미 그런 사건들을 숱하게 많이 보도됐습니다.

1. 돈과 명예를 모두 거머쥔 톱스타가 죽고 싶어 한다.
2. 천문학적 부를 이룬 CEO가 스스로 목숨을 끊는다.

이들의 무의식 깊은 곳에는 가스라이팅처럼 심어진 행복 증후군이 작용하고 있었을 것입니다. 결코 만족을 모르는 그 마구니(번뇌)는 어떤 성취를 해도 아직 부족해, 아직 멀었어! 하며 자신을 혹독하게 다그쳤을 것입니다.

이른바 오천만의 호구는 남들의 얘기가 아닙니다. 바로 내 이야기입니다. 객관적으론 상층이면서도 주관적으론 하층이라고 비하하는 심리는 호구, 그 이상도 그 이하도 아닙니다.

성공 따로 행복 따로

사회적으로 성공하고서도 행복을 느끼지 못한다? 이게 산전수전 J만의 심리일까요? 그처럼 성공한 다른 사람들 역시 비슷합니다. 가수로 대성했던 이효리 부부도 특별히 다를 바 없습니다.

"오빠는 결혼만 하면 행복할 줄 알았지?"

유튜브 쇼츠에서 가수 이효리가 남편 이상순에게 이렇게 묻습니다. 남편의 대답은 뭐였을까요?

"아니. 난 제대만 하면 모든 게 행복할 줄 알았어."

이효리도 그 말에 숟가락 하나를 더 얹습니다.

"난 가수로 성공하면 행복할 줄 알았는데."

부부는 잠시 처연해집니다. 그러다가 이효리가 먼저 토를 답니다.

"행복해야 한다는 생각만 버리면 행복한데, 그치?"

잠시 침묵이 흐르고 남편 이상순이 결론처럼 한마디 합니다.

"그냥 사는 거지."

이들 부부의 짧은 대화 속엔 인생사의 진수가 고스란히 담겨있습니다. 마음은 언제나 지금 없는 것에 초점을 맞춥니다. 제대만 하면, 결혼만 하면, 가수로 성공만 하면… 하지만 막상 그걸 갖게 되면 다시 부족감으로 돌아갑니다. 여전히 뭔가가 없다고 생각하는 것입니다.

프랑스의 철학자이자 정신분석학자인 라캉은 행복의 주체와 대상의 거리를 제논의 역설에 나오는 아킬레우스와 거북이의 달리기 시합으로 설명합니다. 그리스에서 가장 빠른 아킬레우스와 거북이가 달리기 시합을 하는데 거북이는 아킬레우스보다 100m 앞에서 같은 시간에 출발합니다. 아킬레우스는 거북이보다 열배 빠르므로 거북이를 금방 따라잡을 것 같지만 상황은 그렇게 간단하지 않습니다. 아킬레우스가 거북이의 출발 지점에 왔을 때 거북이는 아킬레우스가 온 거리의 1/10만큼 앞에 있고 다시 아킬레우스가 그 자리에 오면 거북이는 아킬레우스가 온 거리의 1/10만큼 앞에 있으므로 아킬레우스는 거북이를 영원히 따라잡지 못한다는 역설이 성립한다는 것입니다. 물론 이 역설은 역설에 불과하지만 행복에 있어서 주체와 대상의 관계를 생각하면 닿을 것 같으면서도 잡지 못하는 행복을 잘 설명하는 역설입니다.

그냥 살자, 이것이 그들의 결론 아닌 결론입니다. 다만 이효리의 진단엔 약간의 수정 여지가 있습니다. 행복해야 한다는 생각만 버리면 행복한데? 맞는 말이지만 그 생각 하나가 생각처럼 쉽게 버려지지 않습니다.

사람들은 왜 세상에서 상당한 성공을 거두고서도 행복감을 느끼지 못할까요? 자신의 감정 파동에 사로잡혀 자신의 포지션 이동을 제대로 포착하지 못하기 때문입니다.

성공을 했건 못했건 사람의 감정은 여전히 희로애락 사이에서 오르락내리락 파동을 칩니다. 그것이 감정의 속성입니다. 그런데도 사람들은 성공만 하면 그 파동의 굴곡이 사라지고 오르가슴 상태만 지속될 것으로 착각합니다. 그렇기에 성공 이후에 도리어 이게 뭐야?, 내심 실망하거나 당황하게 됩니다. 섹스 이후의 묘한 허탈감과 비슷합니다.

"고객님, 당황하셨죠?"

개그에 나온 이 멘트가 인생 실전에도 그대로 적용되는 것 같습니다. 도대체 행복이 뭐길래 이렇게 사람을 농락할까요? 어쩌면 행복은 등에 업고 있는 아기일지도 모릅니다. 아기를 등에 업고 있으면 눈에 보이지 않으니까, 애를 잃어버렸다고 착각하기 쉽습니다. 그런 착각에 빠지면 "우리 아기 어디 갔지?" 여기저기 애태우며 찾게 됩니다.

왜 사냐고 물으신다면

"왜 사냐 건 웃지요."

이건 왠지 있어 보이는 시적인 아포리즘입니다.(체험적 진리를 간결하고 압축된 형식으로 나타낸 글) 물론 깊은 진리의 함축인 아포리즘이 아니라 진부한 표현인 클리셰로 치부하는 사람들도 있습니다.

어쨌든 도덕경의 대가인 김기태 선생도 청춘 시절에 이 미끼를 덥석 물고 말았습니다. 왜 살아야 하지? 이런 의문은 단숨에 그를 진리에 목마른 자로 만들어 버렸습니다. 그걸 내면의 소리로 착각했던 그는 고교 윤리 교사직에 사표를 내고 지리산 토굴로 들어가 구도 행각을 시작합니다. 또 고행 차원에서 공사판 노가다를 뛰고, 고기잡이 어선의 어부가 되고, 목장의 잡부가 되어 중노동을 했습니다. 그래도 안 되자, 단식도 감행했습니다. 자신의 일거수일투족을 관찰하는 관법 수행도 병행했습니다.

그런 세월이 무려 10년, 그는 마침내 꿈에도 그렸던 깨달음을 얻었습니다. 어느 날 목장의 초지에서 파를 보고 있는데 문득 '어, 이건 파가 아니다'라는 생각이 들었습니다. 그러자 풀도 나무도 땅도 하늘도 그 이름들이 사라졌습니다. 이름이 떨어져 나간 삼라만상은 그저 통으로 하나였을 뿐이었습니다.

그가 마주했던 진리는 허탈하기 짝이 없었습니다. 장엄하고 웅장하게 나타날 줄 알았던 진리는 너무나 진부하게 그냥 펼쳐져 있었습니다. 일상사 모든 것이 진리 그 자체였습니다. 상식을 넘어선 진리는 존재하지 않았습니다.

그럼 나는? 이토록 초라하고 이지러진 모습 그 자체가 진리였습니다. 갈증으로 몸부림치던 나날들이 진리였습니다. 그는 단 한 순간도 진리 아닌 적이 없었고, 깨치지 못한 적이 없었습니다. 단지 진리인 자신이 진리 속에 살면서도 진리를 찾겠다고 헛발질했을 뿐이었습니다.

그럼에도 불구하고 세상에선 너무나 다채로운 진리를 구분하기 위해 굳이 이름을 만들었습니다. 그저 이름하여 해탈이고 이름하여 번뇌였습니다. 이름하여 깨달음이었고 이름하여 무명이었습니다.

무명천지지시無名天地之始

유명만물지모有名萬物之母

이름 없는 게 천지의 근본이고, 이름 있는 게 만물의 어미이다. 도덕경의 설명 그대로였습니다.

방황에 종지부를 찍고 속세로 돌아온 그는 도덕경은 물론 불경이나 논어 등을 현대에 맞게 강의하며 많은 사람들을 미망에서 벗어나게 인도했습니다. 그의 가이드를 받았던 중년 남성은 장기간의 구도 행각을 접고 일자리를 얻어 일상에 정착했습니다. 인생이 허무하다던 중년 여성은 사는 게 너무 재밌다는 것으로 바뀌었습니다.

그의 방법론은 심플합니다. 지금 내가 문제라 여기는 그 감정들에 일체 저항하지 말고 그대로 수용하라는 것입니다. 불안하면 불안해하고, 두려우면 겁내고, 미우면 미워하고, 분하면 화를 내라는 것입니다. 물론 상대에게 그러는 것이 아니라 자기 내면에게 그렇게 합니다. 그러면 다들 알게 된다는 것입니다. 나는 이미 그것이라는 위대한 진리를.

저자 역시 번아웃을 해결하기 위해 마음공부에 입문했다가 무려 17년을 헤맸습니다. 황홀했던 각성의 순간도 있었지만, 그 대단했던 내면의 환희와 진부하게 이어지는 일상 사이에서 괴리감이 좀처럼 좁혀지지 않았습니다.

"그냥 살아라."

마음공부에선 결론처럼 이렇게 일러줍니다. 하지만 일상에선 그냥 사는 게 뭔데? 이런 의문이 수시로 불쑥 튀어나옵니다. 왜, 왜? 이런 의문이 번뇌의 씨앗이었습니다. 그런 의문은 푸는 게 아니라, 놓아버려야 한다는 걸 아는 데 너무 많은 시간을 허비했습니다.

왜 사냐고 묻는 건 생각의 미끼를 무는 것입니다. 그런 미끼에는 눈길조차 주지 말고 그냥 사는 게 상책입니다. 그 허망한 질문에 대한 답은 이미 옛날이야기에서 오래전에 결론으로 제시했습니다. "잘 먹고 잘살았습니다."

최고 버전의 나로 존재하기

그냥 살아라? 이건 메시지가 너무 추상적입니다. 쉽게 이해가 되는 다른 말은 없을까요? 당연히 있습니다. 그것은 다음과 같습니다.

1. 최고 버전의 나로 살아라.
2. 지금의 나를 최고 버전의 나로 인정하라.

얼핏 들으면 이 둘은 모순처럼 보입니다. 하지만 그 둘은 본질적으로 같은 것입니다. 이것을 신성한 이분법이라고 합니다.

"세상은 있으면서 없고, 없으면서 있다."

이것이 신성한 이분법의 전형입니다. 세상은 있다는 것과 세상이 없다는 것은 서로 극단적으로 다릅니다. 그 둘이 희한하게 하나로 융합된 것이 신성한 이분법입니다. 극단적인 모순이 모순 없이 공존한다는 얘깁니다.

꿈을 꿀 때 우리는 꿈속에서 펼쳐지는 사건들이 진짜라고 믿습니다. 그래서 상황에 따라 희로애락 감정에 젖어 듭니다. 하지만 꿈을 깨고 나면 꿈속에서 현실이라 여겼던 그 세상은 흔적 없이 사라집니다. 악몽을 꾸었다면 휴, 꿈이었구나. 안도의 한숨을 내쉽니다. 우리 사는 현실 세계도 이와 똑같습니다. 다만 꿈을 꾸는 시간이 하룻밤의 꿈보다 훨씬 더 길다는 차이만 있을 뿐입니다.

우리들 내면에는 밤하늘의 별만큼이나 많은 운명의 모습이 데이터로 저장되어 있습니다. 그중에서 내가 가장 이상적이라 여기는 형태를 갖추는 게 최고 버전의 나가 되는 것입니다. 마음공부에선 이걸 적극 권유합니다. 최고 버전의 나를 찾아가는 사람들은 마인드가 아주 긍정적이며, 일상의 나날들을 가슴 벅차게 살아갑니다.

유튜버 진쏠미님은 자신의 해변 에피소드를 소재로 이 원리를 재미있게 풀어줍니다. 광안리 해변에서 맨발 산책을 즐겼던 그녀는 어느 날 해변에 쓰레기가 너무 많기에 카페로 피신했습니다. 하지만 같은 해변을 산책했던 외국인 관광객들은 카페에 들어와 해변에서 주은 예쁜 조개껍데기들을 탁자 위에 꺼내놓고 좋아하는 것이었습니다. 거기에 자극받은 그녀가 다시 해변으로 나가 조개껍데기를 찾자, 쓰레기는 시야에서 사라지고 조개껍데기만 보였습니다. 두 손을 금세 그걸로 가득 채울 수 있었습니다.

"보려고 해야 보인다." 에드문트 후설Edmund Husserl은 현상학에서 이를 지향성이라 불렀습니다.

그녀는 그제야 이 말이 머리를 넘어 가슴으로 들어왔다고 했습니다. 또 최고 버전의 나로 존재하는 것도 해변에서 조개껍데기 찾기와 똑같다고 설명했습니다. 날마다 쓰레기처럼 차고 넘치는 정보들 속에서 조개껍데기를 찾으려면 표면적인 옳고 그름을 넘어 그 속에 감춰진 주된 감정을 보라고 했습니다. 그게 최고 버전의 나로 존재하는데 맞지 않는 부정적 감정들이라면, 그 어떤 정보라도 멀리해야만 합니다.

반면에 지금의 나를 최고 버전의 나로 수용한 사람들은

스스로 미혹에서 벗어나 평온하고 만족스레 살아갑니다. "나는 이미 그것이다." 혹은 "당신은 이미 당신이 되고자 하는 그 것이다." 이런 표현들은 그 상태를 설명한 것입니다. "그냥 살아라."도 여기에 더 가까운 메시지입니다.

1. 당신은 지금 자신이 되고자 하는 그것이다.
2. 당신이 지금 자신이 가고자 하는 그곳에 있다.

이 말에 수긍이 간다면 평온한 마음이 된 것입니다. 행복이건 뭐건 더 이상 안달하며 추구할 이유가 전혀 없는 지점에 이르렀습니다. 만약 이게 왠지 맥 빠지게 느껴진다면 1번, 즉 "최고 버전의 나로 살아라."를 선택하면 됩니다.

2장

무지개 소년2의
허망한 착각

"에고는 소유물과 자신을 동일시하지만 소유가 주는 만족은 깊이가 비교적 얕고 수명도 짧습니다. 내면에는 뿌리깊은 불만족과 불완전한 느낌, '아직 충분하지 않다'는 느낌이 숨어 있습니다.
에고가 '나는 아직 충분히 갖고 있지 않다'고 말하는 것은 '나는 아직 충분히 존재하지 않는다'라고 말하는 것입니다."

에크하르트 톨레

무지개를 잡겠다는 개꿈

"난 꼭 저 무지개를 잡을 거야."

무지개를 보고 감탄한 소년은 굳게 결심합니다. 어머니가 무지개는 잡을 수 없다며 말려도, 주변 사람들이 조곤조곤 타일러도 소년은 막무가내였습니다. 필을 너무 세게 받았기 때문입니다. 무지개만 잡으면 가슴이 터질 듯이 행복할 것으로 소년은 믿어 의심치 않았습니다.

그 결말은 모두가 아는 바와 같습니다. 무지개는 결코 잡을 수 없다는 걸 인정한 순간 소년은 하룻밤 사이에 폭삭 늙어 노인이 되고 말았습니다. 무지개를 잡기 위해 산 넘고 물 건너며 온갖 고생을 다 했던 세월은 그저 허망할 뿐이었습니다.

김동인의 단편소설 '무지개'는 초딩이 읽기엔 너무 잔인하다는 평가도 있지만 초딩 국어책에 실렸습니다. 다들 그 단편을 읽으며 성장했습니다. 하지만 그 결과는 독서 따로 실천 따로였습니다. 저 소년처럼 방황하지 말라고 가르쳤건만 너나 없이 경쟁적으로 소년2가 되어 우르르 무지개 잡기에 나섰습니다.

남들보다 발이 빠르고, 힘이 세고, 머리가 좋고, 사교성도 뛰어난 사람들이 먼저 산 정상에 올라 그것을 덥석 잡습니다. 무지개를 잡았다! 기뻐하며 환호했지만, 다시 보니 어라?, 무지개는 어느새 내 손에서 빠져나가고 없습니다. 환희가 컸던 만큼 실망도 대단합니다.

"전혀 행복하지 않아요."

소년2는 고통스러운 신음을 내뱉습니다. 텅 빈 가슴엔 찬 바람만 횡하니 붑니다. 하지만 그런다고 소년2가 무지개 잡기를 그만둘까요? 십중팔구 정반대로 움직입니다. 이 산이 아닌 가벼? 그럼, 저 산으로 가볼까나? 소년2는 다시 숨을 헉헉대며 저 산의 정상을 향해 오릅니다. 하지만 저 산의 정상에 올라서 본들 실망하긴 마찬가집니다. 돈이라는 이름의 산, 권력이라는 이름의 산, 명예라는 이름의 산, 산이란 산은 모조리 정상까지 올라도 무지개는 언제나 저만큼 먼 곳에서 비치고 있을 뿐입니다.

사람들은 왜 죽으라고 무지개를 잡으려고 할까요? 한번 가슴에 세게 꽂힌 필은 어쩔 수 없는 것일까요? 작가 김동인은 그것까지 알려주진 않았습니다. 무지개를 잡으려고 하면 끝내 그걸 잡지 못하고 자신만 폭삭 늙게 된다는 것을 알려주었을 뿐입니다.

문제는 가슴에 꽂힌 필입니다. 그 필을 바꾸지 않는 한 무지개 잡기는 계속 이어질 수밖에 없습니다. 행복이라는 이름의 그 무지개는 중독성이 너무나 강합니다.

불행의 원흉은 행복추구권

이른바 행복추구권, 이 추상적인 권리를 헌법에 규정한 나라는 한국과 일본 두 나라뿐입니다. 대륙법의 모태인 독일 헌법에서도 행복추구권이 없습니다.

마음의 관점에서 보면 행복추구권 규정은 어처구니없는 실책입니다. 최고규범인 헌법에 행복추구권을 규정한 것은 나라 전체에 행복이 없다고 선언한 것이나 마찬가집니다. 헌법상의 기본권은 신체의 자유나 언론출판의 자유처럼 구체적인 것들만 명문화하는 데 그쳐야 했습니다.

1980년에 헌법을 저렇게 개정한 이후 국민이 과연 더 행복해졌을까요? 도리어 자살률이 OECD 1위를 차지하고, 교육 현장에서는 학폭이 난무하며, 공동체 전체가 금쪽이들 세상으로 변해가고 있습니다.

툭하면 생떼를 부리고 수틀리면 드러눕는다? 이런 행위들의 법적인 근거는 다름 아닌 행복추구권입니다. 그 결과 공동체는 정글로 변하고, 만인의 만인에 대한 투쟁이 일상이 되었습니다.

"이렇게 행복해도 되나?"

반면에 중년남 L은 행복이 넘쳤던 시기에 종종 이런 말을 했다고 합니다. 부부는 서로 사랑했고 딸자식은 재롱을 부리며 귀엽게 자랐습니다. 연구를 하면서 후학을 가르치는 일상도 만족스러웠습니다. 하지만 마음 한구석에 드리웠던 그 불안감은 드라이한 현실이 되어 나타났습니다. 소녀로 성장한 딸은 난폭한 자폐아로 변했습니다. 그 폭력성은 부모가 감당하기 버거운 정도였다고 합니다.

그가 과도한 양심을 가진 게 화근이었을까요? 지금의 행복이 감사하다, 이렇게만 받아들였다면 더 좋지 않았을까요? 불우한 이웃들을 생각하며 자신의 행복에 일종의 죄책감을 느끼는 건 도덕적으론 훌륭할지 몰라도 인생 실전에선 적절하지 않습니다. 양심도 과유불급입니다.

　만약 세상에 행복이란 개념이 없었다면, 이렇게 행복해도 되나? 하는 불안이나 죄책감도 없었을 것입니다. 언제가 헌법 개정이 이뤄진다면 우선적으로 삭제해야 할 조항이 행복추구 권입니다. 또 법 이외의 영역에서도 가급적 사용을 삼가해야 할 단어가 행복입니다.

행복이라 부르지만,
사실은 야바위

"고깃국에 밥 말아 배불리 먹고, 따뜻한 아랫목에서 잠 한 번 푹 잤으면 원이 없겠다."

철책에서 북괴군과 맞서 경계근무를 섰던 군시절엔 이게 최고의 소망이었습니다. 체감기온 영하 30도에 밤을 새워 보초를 서면 사람이 저렇게 소박해집니다. 하지만 그 당시엔 그 것조차 이루어질 수 없는 사치였습니다.

제대하고 취업하고 나선 그 소망이 아주 쉽게 이뤄졌습니다. 마음만 먹으면 국밥 정도는 언제든지 사 먹을 수 있었고, 휴일이 되면 따뜻한 아랫목에서 늘어지게 잘 수 있었습니다. 그렇게 소망을 이뤘으니 아주 행복했을까요? 복에 겨워 희희

낙락했을까요? 다들 짐작하셨겠지만 "전혀 아니올시다"였습니다.

그토록 간절했던 소망이 진부한 현실이 되자 행복의 기준은 다시 싹 바뀌었습니다. 가정만 꾸리면, 승진만 하면, 집만 사면, 돈만 좀 모으면, 그러다가 나중에는 깨달음만 이루면, 이런 추상적인 가치까지 더해졌습니다. 독신으로 고군분투하는 승려들과는 달리 속세에서 오욕칠정을 다 누리고, 그러면서도 내면에선 깨달음까지 탐하는 야릇한 상태가 되었습니다.

그게 가능했을까요? 이상한 얘기 같지만 가능했습니다. 세속에선 직장을 얻고 가정을 이루었습니다. 내면에선 우연히 입문했던 마음공부를 통해 법열을 체험했습니다. 법열의 느낌은 실로 대단했습니다. 가슴은 감사로 충만하고, 시력이 2배 이상 좋아진 듯 세상이 훤하게 보였습니다. 증득의 내용은 더더욱 대단했습니다.

1. 세상은 있으면서 없고, 없으면서 있다. 삶과 죽음도 마찬가지다.
2. 우주 속에 내가 있고, 내 안에 우주가 있다. 사람은 이렇게 이중적으로 존재한다.

시외버스를 타고 이동하던 어느 날 특이한 체험을 했습니다. 내 의식이 점점 확장되면서 모든 사물이 그 속으로 들어왔습니다. 처음엔 버스가 내 의식 안에서 이동하는 것처럼 인지됐습니다. 그러다가 주변의 산과 들이 그랬고, 나중에는 광활한 하늘까지 내 의식 속에서 움직이는 게 확연하게 느껴졌습니다. 그러면서도 나는 여전히 버스 안의 의자에 앉아 이동하고 있었습니다. 거대한 우주 전체가 내 속에 있었지만, 나는 동시에 버스에 타고 있는 하나의 자그마한 개체이기도 했습니다. 아하, 나는 이중적인 존재였구나, 티끌 속에 우주가 있다는 선문답은 이걸 말한 것이었구나, 절로 자각이 되었습니다.

그럼, 이제는 족함을 알고 만족했을까요? 아니요, 그 반대였습니다. 왜 그랬을까요? 야바위에 속았기 때문이었습니다. 행복의 탈을 쓴 그 야바위에 속으면 그 어떤 것을 얻어도 계속 부족감만 느끼는 호구로 전락합니다.

그렇다면 결론은 뭡니까? 고깃국에 밥 말아 먹고, 따뜻한 아랫목에서 잠 한번 푹 잤으면 소원을 성취했다는 것입니다. 돌고 돌아 제자리가 맞습니다. 그 제자리가 출발점이자 도착점입니다. 경전이나 법문 혹은 교묘한 잡설에 현혹되어 쓸데없이 그 자리를 떠나지 마십시오.

행복의 정체는 겨우 11분?

"옛날 옛적에 마리아라는 창녀가 있었다." 첫 문장을 이렇게 시작한, 소설가 코엘료의 작품 '11분'은 해리 포터 시리즈를 누르고 베스트셀러 1위에 오르는 기염을 토했습니다. 11분이 무슨 뜻일까요? 사람이 섹스하는 평균 시간이 11분이라고 합니다. 코엘료는 그걸 소설의 제목으로 썼고, 그에 끌린 사람들은 뭐지? 궁금해하면서 그 소설을 읽게 되었습니다.

사람이 누리는 쾌락의 절정이 섹스입니다. 하지만 애석하게도 그 시간은 겨우 11분에 불과합니다. 하루 24시간에 비하면 너무나 짧은 시간입니다. 또 한 번 절정에 이르고 나면 사지가 노곤하게 늘어집니다. 그 상태에선 천하절색이 누드로 내 곁에 다가와도 더 이상 성욕이 일어나지 않습니다. 세상에 선 이걸 현타, 즉 현자 타임이라고 재미있게 이름 지었습니다. 지혜로운 현자의 시간이란 의미입니다. 물론 현타는 현실자각 타임, 즉 현실의 냉정함을 자각하는 시간이란 뜻으로도 이중 적으로 사용됩니다.

행복의 속성도 섹스와 비슷하거나 같지 않을까요? 하루 24시간 중에 겨우 11분만 지속된다? 이 속성만 이해하면 행 복 컨셉의 허구성도 납득이 될 것입니다.

마침내 사업에 성공해 목표했던 금액을 벌었다? 기쁨에 겨 워 하늘을 날 것 같습니다. 드디어 당선되어 국회의원이 되었 다? 고대했던 시험에 합격했다? 원하던 회사에 취업했다? 승 진을 거듭해 사장 자리에 올랐다? 사모했던 이성과 결혼에 골 인했다? 하나같이 오르가슴의 순간입니다. 몸이 떨리고 마음 도 황홀해집니다. 세상이 아름답고 만인이 나를 축하하는 것 같습니다. 하지만 그 지속시간은 겨우 11분입니다.

그게 너무나 아쉬웠던 사람들은 정신승리를 통해 그 시간 을 하루로 늘리기도 했습니다. 그래도 아쉬웠던 사람들은 석

달 열흘, 백일로도 늘렸습니다. 설사 그렇다고 치더라도 인생 100년에 비하면 100일은 너무나 짧은 시간입니다. 11분은 그 야말로 순간의 순간입니다. 그 시간이 지나면 어떻게 될까요?

"전혀 행복하지 않아요."

이건 왠지 좀 허망합니다. 약간 슬프기도 합니다. 애석하지만 11분은 그냥 11분일 뿐입니다. 그런데도 그게 24시간 계속 이어지기를 바란다면, 그것도 모자라 한평생 지속되기를 원한다면 답이 없습니다.

행복 쓰레기는 분리수거가 정답

언제부터인가 기레기라는 말이 인터넷에 등장했습니다. 기자 쓰레기를 줄인 말입니다. 언론인의 공정을 저버린 행태에 대해 언어적 응징을 가한 것입니다.

그럼 만인이 탐내는 행복을 저렇게 변형해 행복 쓰레기로 워딩을 바꾸면 어떻게 될까요? 말만 들어도 그 가치가 뚝 떨어집니다. 행복 쓰레기, 이 말이 과연 틀렸을까요? 우리는 보석으로 위장한 쓰레기를 움켜잡고 그걸 행복으로 착각한 건 아닐까요? 만약 그랬다면 우습다 못해 슬픈 코미디가 됩니다.

"왜 이렇게 허전하지?"

"왜 이렇게 외롭고 쓸쓸하지?"

남들이 부러워하는 사회적 성공을 이뤘건만, 정작 자신은 이런 심리에 빠지는 경우가 적지 않습니다. 성공만 하면 아주 행복할 것으로 기대했지만 막상 성공하고 나선 가슴이 더 허전했다는 건 아이러니입니다.

　도대체 왜 그럴까요? 그들은 성공과 행복을 동의어로 착각했기 때문입니다. 그럼, 행복은 뭘까요? 성공은 부귀 권세나 명예 등으로 구체적으로 입증되지만, 행복은 추상적인 개념이라 그 정체가 오리무중입니다. 행복의 조건을 몇 개로 제시하고 그걸 갖추면 행복하다는 주장들도 있지만 별로 설득력이 없습니다.

　행복은 쓰레기다, 차라리 이게 더 맞지 않을까요? 만약 그게 쓰레기라면 우리가 해야 할 작업은 분리수거뿐입니다. 행복을 잡겠다고 나댈 것이 아니라 분리해서 버려야 한다는 얘깁니다. 성공에서 행복을 분리하면 성공의 과실만 오롯이 누릴 수 있습니다. 그게 돈이건, 권력이건, 인기건, 뭐든지 상관이 없습니다. 반면에 성공과 행복을 동일시하면 단지 가슴이 기쁨으로 충만하지 않다는 이유로 도리어 허무감에 젖어 듭니다. 그러면 그 과실마저 덩달아 시들해져 제대로 즐기지도 못합니다.

행복의 포기가 현애살수

현애살수, 절벽을 잡고 대롱대롱 매달린 상태에서 두 손을 탁 놓아버린다는 뜻입니다. 그래야만 도리어 진짜 살길이 열린다는 게 선사들의 가르침이었습니다. 일상에서 행복해야 한다는 우리의 강박이 우리가 죽기 살기로 꽉 잡고 있는 절벽이 아닐까요? 역설적이지만 바로 그것 때문에 다들 파김치가 되어 도리어 불행하게 됩니다.

앞서 언급했던 산전수전 J처럼 행복을 포기하면 무소유가 되는 것일까요? 법정 스님은 무소유를 뽀대나게 포장해서 세상에 내놓았습니다. 하지만 살아보니 인생 실전에서 정작 중요한 것은 무소유가 아니라 무집착이었습니다.

그런 우리에게 법률은 거의 모든 물질에 대해 소유권을 인정해 줍니다. 다만 '살아있는 동안'이라는 조건을 달았습니다. 그렇기에 이름만 소유이지 사실은 임대에 가깝습니다. 법정은 아마도 그 무상함을 통찰했기에 무소유에 방점을 찍었을 것입니다. 반면에 속세를 살아가는 우리는 더 많은 소유에 목을 맵니다. 더 많은 돈, 더 좋은 집, 더 광나는 자리를 추구합니다.

사람들이 그렇게 하는 이유는 간단합니다. 그것만 있으면 경제적 자유는 물론 마음의 자유까지 누릴 수 있다고 기대하기 때문입니다. 법정이건 일반인이건 서로 방법론이 달랐을 뿐 궁극의 목적은 똑같이 그물에 걸리지 않는 자유, 즉 마음의 자유였습니다.

하지만 세상이 보여주는 결과는 그런 기대를 저버립니다. 재산이 천문학적으로 많았던 CEO는 마음의 병을 앓다 스스로 목숨을 끊었습니다. 재벌반열에 오른 어떤 부부도 서로에게 실망해 이혼소송을 벌이고 있습니다. 돈이 그렇게나 많은 사람들이 도대체 왜…? 굳이 이유를 추론하자면 몸과 마음이 찢어졌기 때문일 것입니다. 톨스토이의 소설 안나카레니나의 첫 문장이 시사적입니다. "모든 행복한 가정은 비슷한 이유로 행복하고 모든 불행한 가정은 각각의 이유로 불행하다" 몸은 돈을 갈구하는데 마음은 평온이나 자유를 더 원했기에 저런 것 아닐까요?

지혜의 보고라는 책, '신과 나눈 이야기'는 그 해법을 일러 줍니다. 세속적 욕망이 있으면 어중간하게 하지 말고 온 마음을 다해 그것을 선택하라는 것입니다. 온 마음을 다해 돈을 선택하고, 권력을 선택하고, 명성을 선택하고, 섹스를 선택하고, 아부를 선택하라고 합니다. 심지어 그것을 만트라처럼 글로 쓰고 입으로 말하라고 권유합니다.

1. 나는 돈을 좋아한다.
2. 나는 권력을 좋아한다.
3. 나는 명성을 좋아한다.
4. 나는 섹스를 좋아한다.
5. 나는 아부를 좋아한다.

이렇게만 하면 심신이 하나가 되어 그것을 갖게 되고, 누리게 되고, 그러면 욕구불만이나 미련도 사라진다고 합니다. 또 그것들에 대한 욕망이 없어지더라도 놀라지 말라고 했습니다.

문제는 어중간하게, 어정쩡하게 하는 것입니다. 속으론 돈을 원하면서도 겉으론 초연한 척하면 안팎이 찢어져 그걸 갖게 되더라도 마음이 별로 편하지 않습니다. 권력이나 명성, 섹스나 아부 등도 마찬가집니다. 반면에 온 힘을 다해 그걸 선택하고 흠뻑 누리면, 욕망 역시 깔끔하게 정돈된다는 것입니다. 그렇게 무집착이 되면 천문학적인 재산을 갖더라도 그에 짓눌리지 않습니다. 소소한 재산은 말할 것도 없습니다. 역설적이지만 무집착의 마음이 되면 거지가 되고 싶어도 될 수 없다고 합니다. 무집착이 되면 삼라만상이 자신의 소유 혹은 임대로 변하기 때문입니다.

겨우 이 따위로 살았다니

만약 내가 오늘 밤 자정에 세상을 떠난다면? 그 사실을 오늘 새벽에 알게 됐다면 과연 기분이 어떨까요?

"겨우 이 따위로 살았다니…."

마음공부에 입문해 죽고 버리기 수련을 통해 진심으로 지금 죽는다, 이런 각오가 섰을 때 전신을 엄습했던 감정은 바로 이것이었습니다. 그 회한은 가슴이 찢어질 정도로 아파 통곡이 터졌습니다. 그런 절규에서 나오는 말은 미안해, 정말 미안해, 이것뿐이었습니다. 명색이 가장으로서, 가족의 일원으로서, 공동체의 구성원으로서 응석에, 생떼에, 불평에 원망이나 하다가 생을 마치는 게 너무나 참담했습니다. 용서를 구할 엄두조차 안 났습니다.

"우리는 이제 두 번 다시 만나지 못한다. 다시는 그 손을 잡아볼 수도 없고, 따뜻하게 포옹할 수도 없다. 모든 것이 끝났다."

살면서 저지른 수많은 잘못들을 만회조차 할 수 없다는 회한은 막막함 그 이상이었습니다. 원대했던 소년시절의 이상을 너무 일찍 포기한 것도 아프도록 안타까웠습니다. 이게 사별을 앞둔 심정이었습니다.

근데 지금 당장 죽는 게 아니라 오늘 밤 자정까지 시간이 남아있다면, 내게 주어진 그 20시간은 그 무엇보다 소중할 것입니다. 그 시간엔 가족들과 최후의 만찬을 나누며 함께 해서 좋았던 날들을 반추할 것입니다. 고마웠던 은인들에게 마음에서 우러난 감사를 하고, 미처 말하지 못했던 사랑도 표현할 것입니다. 평생을 통해 체득했던 인생 노하우도 기꺼이 전해줄 것입니다.

생의 마지막 날에 느끼게 될 감정과 행동들을 평소에 했더라면 얼마나 좋았을까? 나는 왜 그렇게 내게 없는 것들만 추구하고, 내게 주어진 것들을 마음껏 누리지 못했을까?, 그런 후회도 있을 것입니다.

'신과 나눈 이야기'는 진작부터 그걸 일러주었습니다. 생의 마지막 날에 비로소 지혜롭게 꾸려갈 삶의 노하우를 일상에서 적용하라고 누누이 강조했습니다.

1. 사람들은 대부분 뭔가를 가지면having, 뭔가를 할 수 있고doing, 그러면 행복한 상태가 될 것으로being 생각한다.

2. 이 순서를 완전히 뒤집어라. 네가 원하는 모든 것을 얻고, 하고 싶은 모든 것을 했을 때 누리게 될 그 마음 상태에서 살아가라. 그러면 머지않아 그렇게 되는데 필요하다고 생각했던 가짐having과 행위doing들이 저절로 이뤄지는 걸 체험할 것이다.

이것이 신나이 자기계발의 핵심입니다. 그렇게만 하면 모든 것이 뒤집어지고, 모든 것이 바뀐다는 것이 신나이의 약속입니다.

"거기에 이르는 길은 거기에 있는 것이다. 그건 이토록 간단하다."

그리고 보면 하루살이 마인드가 대단한 발상입니다. 내 수명이 오늘 하루라고 생각하면 불필요한 군더더기들을 미련 없이 정리하고 진짜 내실 있게 살 것이기 때문입니다.

죽고 싶은 병 넘어서기

GNI, 즉 1인당 국민소득이 1만 달러를 넘어서면 마라톤 붐이 일어납니다. 먹고 사는 문제를 넘어 건강에 관한 관심이 높아지기 때문입니다. 인간의 한계를 극복하는 마라톤은 건강 최고의 상징이 됩니다.

반면에 그게 2만 달러가 넘으면 이른바 부자병들이 도리어 증가합니다. 비만과 고혈압, 당뇨 등이 대폭 늘어납니다. 옛날엔 이름조차 생소했던 불안장애나 우울증 등이 일상에 광범위하게 파고듭니다.

"우울증은 죽고 싶은 병이고, 공황장애는 죽을 것 같은 병입니다."

경험자인 개그맨 이경규는 어떤 방송에서 이렇게 설명했습니다. 그 방송에 출연자로 나왔던 배우 이병헌은 비행기 탑승 중에 갑자기 우울증이 발병하자 앉은 자세로는 숨조차 쉬기 어려워 한국에서 미국까지 계속 허리를 구부린 채 갔다고 말했습니다. 거대한 우주 한구석에 자신만 덩그러니 혼자 있는 것처럼 무섭고 두려웠다고 했습니다.

인생을 스스로 중퇴하는 자살은 이제 심각 그 이상이 되었습니다. 해마다 평균 1만3천 명이 스스로 목숨을 끊습니다. 10년이면 중소도시 하나가 사라지는 셈입니다. 도대체 왜 저러지? 알바만 해도 밥을 굶지는 않는데 왜 저러지? 가난에 시달리며 성장했던 세대들은 고개를 갸우뚱합니다. 가난 덕분에 자신들의 생존의지가 엄청 강해졌다는 점을 별로 헤아리지 못합니다.

UN 미래 보고서는 세기가 바뀌기 전에 이미 21세기가 되면 시대정신이 물질에서 정신으로 넘어간다고 예견했습니다. 남성에서 여성으로, 수직에서 수평으로 바뀐다는 것도 함께 예측했습니다.

이건 20세기의 규칙, 즉 상위 20%가 하위 80%보다 더 많은 재물을 차지한다는 파레토 최적이 뿌리부터 무너진다는 얘깁니다. 사람들은 더 이상 그런 부조리를 참거나 용납하지 않습니다. 욕되게 사느니 차라리 죽겠다! 반란을 일으켜 저 20%를 축출하자! 이젠 자본주의 금융의 심장부인 월가에서도 99%의 반란을 선동합니다. 이런 시대에는 자랑질을 일삼거나 함부로 나대면 그 누구라도 한 방에 훅 갑니다.

부자병은 배가 고파서가 아니라 배가 아파서 생긴 병이라고 합니다. 남들이 나보다 더 나은 걸 도저히 참을 수 없기에 발병한다는 것입니다. 그 분노가 내부로 향하면 화병이나 우울증이 되고, 외부로 향하면 폭식에 비만, 각종 난치병으로 나타난다는 것입니다. 의사들은 배가 고파 생긴 병들은 제법 잘 고쳤지만 배 아픈 병에는 속수무책입니다. 아니, 그들 자신이 도리어 배아픔을 유발하는 타도 대상이 되어버렸습니다. 정치권은 그걸 이용만 하고 있습니다.

이제 누구를 믿고 살아야 하나? 너나없이 믿을 건 자신밖에 없게 됩니다. 모두가 주연이 되겠다고 설치는 세상에선 아무도 주연이 되지 못합니다. 더 정확히 말하면 자신의 마음 이외에는 믿을 게 거의 없어집니다. 내 마음을 잘 지킨다, 이것이 죽고 싶은 병을 넘어서는 가장 중요한 노하우입니다.

분별심의 안경도 시력에 맞게

돌아보면 언제가 가장 행복했나요? 그랬던 기억이 별로 없습니다. 그럼 즐거웠던 순간은? 뿌듯했던 순간은? 그런 것도 별로 없었나요? 아니요, 그런 순간들은 꽤 있었습니다. 언제 돌아봐도 뿌듯하게 느껴지는 3년도 있었습니다.

그럼, 행복과 즐거움, 뿌듯함 등의 차이는 뭔가요? 딱 꼬집어 설명하긴 어렵지만 왠지 서로 좀 다른 것 같습니다. 개인적으론 고교 2학년에서 재수까지의 3년간이 언제 돌아봐도 뿌듯합니다. 원대한 이상을 세우고 그걸 이루기 위해 각고면려했던 시절이었습니다.

사실은 그 3년도 당시엔 아주 힘들었습니다. 체력을 기르기 위해 날마다 등하굣길에 책가방을 든 채 숨 헉헉대며 30분을 달렸습니다. 엄동설한에 강에 가서 얼음을 깨고 알몸으로 물속에 들어가는 객기도 부렸습니다. 교과서와 참고서를 풀고 또 풀었습니다. 잠을 줄이고 시간을 쪼개 독서에도 폭넓게 몰입했습니다. 그리고 육사와 법대 두 곳에 합격했습니다.

하지만 문무가 엇갈리는 그 갈림길에서 고민 끝에 법대를 선택했고, 그로 인해 많은 것이 달라졌습니다. 그 이후 오랫동안 법대 진학을 후회했지만 이미 때는 늦었습니다. 고생이나 위험이 두려워 안락한 삶을 탐했던 심약함이 선택의 결정적인 이유였습니다. 누구에겐 군대가 꿈에서도 다시 볼까, 끔찍한 곳입니다. 하지만 다른 누구에게는 그곳이 절대권력과 성취의 터전입니다. 저마다 기질이 다르기에 선호 역시 다를 수밖에 없습니다. 그렇기에 저마다 생긴 대로 사는 게 최선입니다.

이런 인생을 살아가면서 예전엔 70세도 희귀해 고희, 즉 '인생칠십고래희'라고 했습니다. 요즘은 다들 100세도 덤덤하게 받아들입니다. 하지만 여기에 다시 '행복한 100세'로 토를 달면 그만 가슴이 갑갑해집니다. 하루도 행복하기 어려운데 어떻게 100년을 행복할 수 있나, 막막한 느낌이 듭니다.

그보다는 행복이란 수식어를 떼버리는 게 백번 좋습니다. 불행을 자초하는 그 수식어만 떼어내면 마음의 부담감이 확 줄어듭니다. 그것이 분별심의 적절한 조율입니다. 물론 분별심 자체를 아예 놓아버리면 그게 최상입니다. 하지만 그건 너무 어려우니 분별심의 안경 도수를 자기 시력에 맞게 조율하자는 것입니다. 최선이 어려우면 차선이라도 취하자는 것입니다.

3장

문제를 기회로
바꾸는 기술

"우리의 심상에 지각할 수 있을 만한 변화가 생기기까지는 최소한 21일이 요구됩니다. 그러므로 적어도 3주 동안은 일절 비관적인 결론을 내리지 않아야겠다는 생각을 스스로 하게 될 때 비로소 유익한 결과들을 얻어낼 수 있을 것입니다."

맥스웰 말츠

작심삼일로 스몰 점프

말기 전립선암이 척추 2마디에 전이되어 시한부 선고를 받았던 72세 남성 P는 소망이 뭐였을까요? 제발 병실 베드에서 화장실까지만 걸어갈 수 있게 해달라고 의사에게 읍소했습니다. 인간으로서 마지막 품위만은 지키고 싶었습니다. 하지만 의료진은 그마저도 고개를 저었습니다. 2개월 정도 남았으니, 댁으로 가서 여생을 잘 정리하시라고 권유했습니다.

집으로 돌아온 그는 딸자식이 건네준 맨발걷기 책을 보고 지푸라기라도 잡는 심정으로 맨발걷기를 시도했습니다. 처음 엔 부인의 부축을 받고 겨우 자리에서 일어났습니다. 안간힘을 다해 노력했지만, 집 밖으로 나가는 데만 며칠이 걸렸습니다. 그가 산자락까지 가는데도 다시 며칠이 걸렸습니다. 산자락에 가서도 혼자 서고 걸을 힘이 없어 두 손과 두 발 모두로 땅을 짚고 동물처럼 엉금엉금 기었습니다. 그런 그를 위해 부인과 딸은 채식 위주의 식단을 차려 식이요법을 도왔습니다.

그랬던 그가 불과 2개월 만에 말끔하게 완치되자 의료진이 놀라고 언론이 대서특필했습니다. 그의 기적적인 사례를 계기로 전국에 맨발걷기 열풍이 불었습니다. 하지만 몇 달이 지나자, 그에게 반문하는 사람들이 생겨났습니다.

"왜 당신은 낫는데 나는 안되는 걸까요?"

세상은 퀀텀 점프에 갈채를 보내고, 자기계발에서도 이를 노골적으로 부추깁니다. 그에 세뇌된 에고는 대놓고 퀀텀 점프만을 바라지만 그걸 추진할 의지력은 대부분 작심삼일에 그칩니다. 이 괴리를 가감 없이 인정하고 반대로 해석해야만 새로운 패러다임이 열립니다. 작심삼일의 위력을 인정하고 스몰 점프만 꾸준히 해나가면 역설적으로 퀀텀 점프로 이어진다는 얘깁니다. 100킬로 행군의 완주 비결도 바로 이것입니다.

완전군장에 100킬로 행군을 하면서 머릿속에 100킬로 숫자만 생각하면 주눅이 들어 걸어갈 엄두가 안 납니다. 그래서 행군의 목표를 1/23로 잘게 나누어 진행합니다. 완주에는 23시간이 걸리지만 실제 진행은 1시간 단위로 나누어 50분당 4.5킬로만 걷고 10분간 휴식을 취합니다.

한 번에 4.5킬로를 걷는 건 스몰 점프입니다. 누구나 다 할 수 있습니다. 4.5킬로 소구간을 완주했다면 그 성취에 만족하고 자신을 칭찬하면 됩니다. 그런 스몰 점프가 23번만 누적되면 100킬로가 되기 때문입니다.

사람들은 작심삼일을 허약한 의지박약으로 폄하합니다. 하지만 그 본질은 적게는 하루, 많게는 삼일까지 지속할 의지력이 있다는 겁니다. 거기에 맞춰 삼일 단위의 스몰 점프만 목표로 설정하고 이를 꾸준히 실천하면 그것으로 충분합니다.

일상에서 우리에게 정말 필요한 건 기적에 대한 환상을 교정하는 것입니다. 다들 사람이 물 위를 걷거나 하늘을 나는 것을 기적이라고 착각합니다. 반면에 우리가 일상에서 자연스레 구사하는 오감, 즉 보고 듣고 냄새맡고 맛보고 느끼는 기능들을 진부한 것으로 무시합니다.

하지만 사고를 당하거나 중병에 걸리면 그게 얼마나 대단한 초능력이었는지 비로소 절감합니다. 그렇지만 그때는 이미 늦어도 많이 늦었습니다. 그 이전에 미리 그걸 인지하고 최대

한 좋게 활용하는 게 필수 중의 필수입니다. 작심삼일로 스몰
점프가 일상의 진부함을 기적으로 바꾸는 노하우입니다.

1타3피 맨발걷기

행복을 포기하는 것은 비중 있는 집착 하나를 탁 놓아버리는 것입니다. 그렇게만 하면 그 무게감에 짓눌렸던 마음이 홀가분해집니다. 행복하지 않아도 괜찮아, 마음을 이렇게 바꾸면 내면은 물론 일상의 무게도 많이 가벼워집니다. 날마다 맨발걷기를 하면 자신도 모르는 사이에 마음도 저렇게 변해 갑니다.

나도 맨발걷기 한번 해볼까? 동아일보에 대서특필됐던 기사, 즉 말기 전립선암으로 시한부 선고를 받았던 72세 남성이 맨발걷기 2달 만에 완치가 됐다는 사연을 읽고 동기가 유발됐습니다. 그렇게 시작했던 맨발걷기가 벌써 1년 8개월이 넘었습니다. 날마다 블로그에 간략한 일지를 기록하며 했더니 이제는 습관이 되었습니다. 하루에 보통 2시간, 많게는 3시간에서 5시간 정도를 걷습니다. 물론 사정이 안 좋을 때는 10분만 하기도 합니다. 장소는 집에서 걸어 20분 거리인 여의도 한강변과 샛강공원. 물기를 머금은 강변의 땅에서 맨발로 걸으면 심신이 쾌적해집니다. 맨발걷기를 하고 나면 무엇보다 밤에 단잠을 자게 됩니다. 당연한 결과지만 아침에도 개운하게 일어납니다.

맨발걷기를 하면 뭐가 좋을까요? 단체들이 유튜브에 소개하는 것처럼 정말 암도 낫고, 고혈압이나 당뇨도 단기간에 사라집니까? 직접 해보니, 맨발걷기는 단순한 치유를 넘어 운동에 마음공부까지 되는 1타3피였습니다.

우선 치유 효과는 사람에 따라 천차만별이었습니다. 병원에서 포기한 난치병 환자가 기적처럼 치유되거나 건강이 호전된 사례들도 많았지만, 별로 효과가 없다는 사람들도 있었습니다. 그 비율은 대략 8대2 정도입니다. 맨발걷기 국민운동본부의 설문조사 결과입니다.

똑같이 맨발걷기를 하는데, 왜 누구는 낫고 누구는 낫지 않을까요? 이 질문은 이렇게 바꿀 수도 있습니다. 똑같이 열심히 사는데 왜 누구는 행복하고 누구는 행복하지 않을까요?

맨발걷기 모임에 참여해 완치자들의 증언을 직접 듣고, 유튜브에 소개된 인터뷰나 강연을 다각도로 비교해 보니 양자 간에는 분명한 차이가 있었습니다. 완치된 사람들은 그냥 맨발걷기만을 한 게 아니라 삼위일체 맨발걷기를 한 것이었습니다. 그것은 다음과 같습니다.

1. 맨발걷기
2. 명상
3. 식이요법

맨발걷기의 접지효과는 이미 널리 알려졌습니다. 몸에서 각종 염증을 일으키는 활성산소는 맨발로 땅과 접지를 해주면 중화가 된다는 것입니다. 이렇게 걸으면서 명상을 하면 마음도 평온한 상태로 변합니다. 여기에 채식 위주의 식이요법까지 더해주면 몸속에 더 이상 독소들이 유입되지 않습니다.

반면에 맨발걷기를 하면서 수시로 이게 효과가 있을까?, 의심을 하면 마음만 더 피곤해집니다. 안 그래도 스트레스로 찌든 마음에 또 하나의 스트레스를 추가하는 셈입니다. 그러면서 식사는 정크푸드를 먹거나 폭식에 과식을 일삼으면 효과가 좋을 수 없습니다.

사람은 몸과 마음과 영혼으로 이루어진 삼중의 존재입니다. 그렇기에 삼위일체 3박자를 맞추는 것은 대단히 중요합니다. 행복에 대한 집착을 놓는 것도 마음 하나만으로 그렇게 하는 것보다는 몸과 영혼도 함께 해주는 것이 최선의 방법입니다.

L선배의 마지막 숙제는 치매 제압

"어머니가 오랜 기간 치매로 고생하셔서 항상 염려하지요. 바로 실천해 보겠습니다. 건행하세요!"

의리남 법대 L선배는 박동창의 치매예방 맨발걷기 동영상을 톡으로 보내주니, 바로 이렇게 반응했습니다. 그는 특허법인을 세워 사업적으로 성공했고, 자식 농사도 잘 지었지만, 병마에 대한 걱정은 여전히 풀지 못한 난제였습니다. 언젠가 저녁 식사를 같이했을 때 그는 치매로 오래 고생하다 돌아가신 노모에 대해 회한을 많이 얘기했습니다. 노모의 치매로 그와 가족들이 얼마나 마음고생이 많았는지 진하게 느껴졌습니다.

어떤 일이 있어도 치매만은 걸리지 않겠다, 굳게 결심한 그는 글쓰기를 시작했습니다. 날마다 자전적 에세이를 쓰니 까맣게 잊었던 옛날 일도 소록소록 기억이 살아나기에 치매 예방에 딱 맞다고 좋아했습니다. 그렇게 쓴 글들을 모아 자비출간을 하기도 했습니다.

그는 머리가 대단히 좋은 남자였지만 그보다는 의리가 더 특출했습니다. 중딩시절의 가난했던 친구가 고딩시절에 안과질환을 제대로 치료받지 못해 실명을 하자 한평생 적정거리에서 그 친구를 도왔습니다. 또 친구의 딸이 장성하자 그녀를 자신이 공동창업한 법인에 취직하게 해주었습니다. 대를 이어 밥줄을 챙겨준 것입니다.

"적덕이 많으시니 하늘의 가호가 있을 겁니다."

맨발걷기를 결심한 L선배께 톡으로 이렇게 응원 메시지를 보냈습니다. 하늘과 땅이 있을진대 틀림없이 그럴 겁니다.

세상에는 난 사람도 많고, 든 사람, 된 사람도 있습니다. 하지만 그중에서도 가장 돋보이는 사람은 단연 의리남입니다. 만약에 단둘이서 정글에 들어가야 하는 상황을 맞게 된다면 1순위로 선택할 동반자는 당연히 의리남입니다.

"저렇게 머리 좋은 사람은 처음 봤다."

그와 함께 특허법인을 창업했던 파트너들은 그의 명석함에 감탄했다고 들었습니다. 그렇게 머리 좋은 사람이 의리까지 갖추다니… 세상에서 좀처럼 보기 어려운 인간형입니다. 의리남 L선배는 틀림없이 맨발걷기를 통해 치매의 사슬을 끊어낼 것입니다. 자기 대에서 그걸 끊어내면 더 이상 자손들에게 유전되지도 않을 것입니다. 그의 마지막 숙제는 치매와의 미련없는 결별입니다. 선배님의 건투를 빕니다.

죽고 버리기의 강렬한 효과

"집착을 버려라."

중년의 나이에 번아웃에서 벗어나기 위해 처음으로 입문했던 마음공부의 지침은 이것이 전부였습니다. 그 방법론은 상상으로 죽고 버리기, 사람이 가장 아끼는 목숨에의 집착을 버리라는 것이었습니다.

'이 긴 하루를 어떻게 살아가나? 그냥 자는 잠에 죽어버렸으면 좋겠다.'

번아웃이 극심했던 시절의 심리상태는 이랬습니다. 알량한 의지로 극복할 수 있는 수준이 아니었습니다. 하지만 상상으로 죽고 버리기는 그 위력이 강렬했습니다. 크고 작은 상념의 포말들을 가차 없이 쓸어버렸습니다. 그 과정은 대략 다음과 같았습니다.

1. 먼저 상상으로 자신을 죽인다.
2. 기억 속에 남아있는 살아온 날들의 영상을. 시간 순서대로 블랙홀에 던져 지운다.
3. 마지막으로 자신의 영혼마저 블랙홀에 던진다.

이런 과정을 진행하자 내재됐던 분노와 미움, 수치심 등의 악감정들이 사나운 기세로 튀어나왔습니다. 수십 년 전의 사연들도 그 기억과 감정들이 그 당시처럼 생생하고 또렷하게 살아났습니다.

수련을 반복하던 어느 날 밤 상상이 아니라, 진짜로 죽겠다는 각오가 섰습니다. 세상의 인연들에 진심으로 작별을 고하는 순간 느닷없이 통곡이 터져 나왔습니다. 눈물과 콧물이 콸콸 쏟아져 나왔습니다.

긴 통곡으로 심신이 탈진 상태가 되어 수련방 벽에 등을 기대고 멍하니 있었습니다. 그런데 머릿속에서 먹구름이 서서히 걷히더니 갑자기 내면이 탁 깨지면서 탄성이 나왔습니다. 아, 그렇구나!

'나는 이 몸이 아니다.'

'죽음 따위는 애초에 없다.'

그 이후엔 불가에서 말하는 색즉시공이 그냥 몸으로 이해
됐습니다. 경전에서 언급했던 그 난해한 어구들이 산수처럼
분명하게 납득이 되었습니다. 나는 허상을 잡고 괴로워했구
나, 그게 인지가 되자 삶의 무게가 순식간에 가벼워졌습니다.
기분이 날아갈 것 같았습니다. 하지만 그 허상이 또한 실상이
었습니다. 극단적인 모순이 모순 없이 공존하고 있었기에 사
람들이 속기에 딱 좋았습니다. 그걸 자각했을 때의 환희는 황
홀할 정도였습니다.

세상에는 삶의 무게를 감당하지 못해 비틀거리는 사람들
이 많습니다. 행복을 추구하면 할수록, 남들과 비교하면 할수
록 삶의 무게는 그만큼 더 무거워지게 마련입니다. 하지만 그
것이 죽음을 동경하게 되는 지경에 이르렀다 하더라도 강렬한
수련을 통해 얼마든지 그 마수에서 벗어날 수 있습니다. 상상
으로 죽고 버리기를 해보면 자신이 실제로는 얼마나 살고 싶
어 하는지를 절감하게 됩니다. 또 자신을 옥죄었던 온갖 악감
정과 사연들을 대청소하듯이 싹 치우고 나면 삶에 대한 관점
이 획기적으로 달라집니다.

몸에 대한 집착 버리기

　사람은 몸과 마음, 영혼으로 이루어진 삼중의 존재라고 하지만 다들 몸을 가장 중시합니다. 조금만 아파도 걱정에 사로잡힐 정도로 몸에 집착합니다. 집착의 시작과 끝이 몸이라고 해도 과언이 아닙니다.

　그렇다면 치료약이 없었던 코로나 3년의 메시지가 뭘까요? 방법이 터프하긴 하지만 그 메시지는 명확합니다.

1. 아프지 마라.
2. 아프면 스스로 치유하라.

마음공부에선 당연히 그렇게 하는 과정이 있습니다. 원리도 심플합니다. 몸에 대한 집착을 놓아버리는 것입니다. 구체적인 방법론은 1) 상상으로 자신을 죽이고, 2) 죽은 내 몸도 세포 하나까지 전부 버리는 것입니다.

먼저 상상으로 해부대 위에 죽은 내 시신을 올려 놓았습니다. 그런 다음 해부를 하듯이 목을 자르고 머릿속의 뇌를 꺼내 염산 속에 넣어 녹여 버렸습니다. 눈알과 코, 입과 귀, 얼굴 등도 똑같이 그렇게 했습니다. 가슴을 따개고 심장과 허파를 꺼내 역시 염산 통에 던져 버렸습니다. 위장과 콩팥, 간과 쓸개 등 배 속의 장기, 팔다리와 성기 등 내 몸의 모든 부분을 하나하나 그렇게 처리했습니다.

이런 과정에 들어가면 처음부터 반응이 강력합니다. 손으로 장기를 꺼내 염산 속에 집어넣고 녹이는 상상을 계속하자 열 손가락 끝마디 부분의 살 껍질이 벗겨지면서 맨들맨들해졌습니다. 상상으로 하는 수련이 장난이 아닌 것을 확실히 알 수가 있었습니다. 특히 평소에 상태가 좋지 않았던 잇몸을 해부해서 버릴 땐 그 통증이 어찌나 심한지 수련방에서 데굴데굴 구르며 비명을 질렀습니다.

수련을 통해 몸에서 탁기가 빠져나오면서 몸의 상태도 수시로 변했습니다. 먼저 얼굴은 사색으로 표현할 수 있을 정도로 시커멓게 변했습니다. 사흘이 멀다고 양쪽 눈에 번갈아 다래끼가 났습니다. 자고 나면 두 눈에 눈곱이 고여 눈을 제대로 뜨기 어려웠습니다. 머리밑에는 비듬이 허옇게 끼어 약간만 긁어도 눈송이처럼 날렸습니다. 세수하고 수건으로 얼굴을 닦으면 때가 왕창 벗겨져 나왔습니다. 상체를 큰 동작으로 움직이면 뼈마디에서 우두둑 소리가 났습니다.

그런 버리기가 계속되면서 의식 속에서 몸이 서서히 없어졌습니다. 머리, 가슴, 배, 사지 등 전체적인 몸의 골격은 거의 사라졌습니다. 점점 허공으로 변해버린 몸 사이로 구름이 흐르고 총총한 별들이 들어오곤 했습니다.

그러던 어느 날 눈앞에 별이 총총한 우주가 펼쳐졌습니다. 무심코 그 별들을 지켜보고 있었습니다. 그런데 그 많은 별이 갑자기 내 가슴속으로 확 밀려 들어왔습니다. 어, 어..놀랍고 당혹스러웠습니다. 그러나 총총한 그 별들은 내 당혹과는 상관없이 내 가슴속으로 사정없이 치고 들어왔습니다. 순식간에 내 몸 전체가 별이 총총한 우주가 되어버렸습니다. 아니 내 몸은 사라지고, 거대한 우주만 남은 것이었습니다.

'이래서 생사일여라고 했구나.'

이 과정을 통해 생사일여를 자각하게 됐습니다. 내 몸을 죽였건만, 내 몸의 세포 전부를 없앴건만, 나는 더 또렷하고 더 웅장한 존재로 살아있었습니다. 이름하여 생, 이름하여 사를 나누지만 생이 곧 사이고 사가 곧 생이었습니다. 생사가 하나, 생사일여가 맞는 말이었습니다.

내면에서 이런 여정을 거친 직후엔 남녀를 불문하고 극히 아름다워집니다. 어느 날 아침 수련원 식당에서 우연히 마주 앉아 겸상했던 40대 초반의 재미교포 여성은 그 미모가 눈이 부실 지경이었습니다. 뉴욕에서 수련차 들렀다는 그녀는 눈이 아기처럼 맑았고 뺨에는 홍조가 깃들어 있었습니다. 목소리는 청아했고, 웃는 모습은 너무나 매력적이었습니다.

뉴욕에서 국내까지 수련장을 찾아왔다면 뭔가 심상치 않은 고민이 많았을 것입니다. 어쩌면 건강이나 목숨 자체가 문제였을지도 모릅니다. 하지만 그날 아침 처음이자 마지막으로 잠시 마주했던 그녀는 눈부심 그 자체, 평온 그 자체였습니다. 불안이나 공포, 근심 걱정은 흔적조차 찾기 어려웠습니다.

다만 이 수련법은 난이도가 높은 과정입니다. 혼자서 하면 부작용이 있을 수도 있습니다. 수련단체에 가서 전문강사들의 지도를 받아 단계적으로 하는 게 바람직합니다. 수련 역시 과유불급입니다.

쉽지만 강력한 호포(호오포노포노; 문제 해결법)

주식인 밥처럼 날마다 먹어도 평생 질리지 않는 수련법은 없을까? 그런 동기가 유발되었을 때 또 우연처럼 호오포노포노를 접하게 됐습니다. 그 원리는 역시 심플했습니다. 네 가지 매직 워드, 즉 "미안해. 용서해. 고마워. 사랑해."를 반복적으로 암송하는 것이 전부였습니다. 물론 매직 워드 암송은 말로 해도 괜찮고 속으로만 해도 괜찮습니다. 그러면 컴의 딜리트 키처럼 내 무의식에 새겨진 네거티브한 정보들을 제거해 준다는 것이었습니다. 죽고 버리기, 그 빡센 수련을 거친 입장에선 호포가 식은 죽 먹기처럼 쉽고 편했습니다. 하지만 실제로 해보니 그 위력이 장난이 아니었습니다.

어느 날 밤 가위눌림 증상에 잠이 깼습니다. 뭔가 시커먼 물체가 가슴 위에 올라타고 꽉 누르는 것 같았습니다. 문득 호포가 생각나 속으로 만트라를 읊었습니다. '미안해. 용서해', 4개 매직 워드 중에 2개를 채 암송하기도 전에 가위눌림 증상은 흔적 없이 사라졌습니다.

그 몇 년 전에도 가위눌림이 있었습니다. 그때는 죽고 버리기 기법을 활용해 상상으로 불 철판을 양손에 들고 가슴 위의 시커먼 물체를 동시에 쳐버리자 바로 사라졌습니다. 이걸 몰랐던 어린 시절엔 가위눌림이 오면 사지를 꼼짝도 할 수 없고 비명조차 나오지 않아 속절없이 당했던 게 어렴풋이 기억납니다.

이것 외에도 호포의 효과들은 많았습니다. 만트라 암송이 습관이 되자 무엇보다 근심, 걱정이 사라지고 마음이 편해졌습니다. 예기치 않은 곳에서 강의 요청이 이어지기도 했습니다.

호포에선 세상사 모두를 내 내면의 반영이라고 봅니다. 개인적인 문제는 물론 국가적인 중대사 역시 내 내면의 반영이라는 것입니다. 그래서 모든 게 내 책임이라고 강조합니다. 내 잘못이 아니라 그것을 정화해서 바로잡을 책임이 나에게 있다는 얘깁니다. 바로 이런 점에서 호포는 동서양의 다른 수련들과 뚜렷한 차이점을 보입니다.

마음공부에선 보통 자신의 문제는 오직 자신만이 풀 수 있고 설사 부모 형제라도 제3자가 그걸 대신 해줄 수는 없다고 합니다. 하지만 호포에선 상대의 문제들도 내 책임이기에 내 마음을 정화하면 그 사람의 문제도 풀리게 된다고 설명합니다. 실제로 그렇게 된 사례들도 책이나 사이트 등에서 많이 소개가 되었습니다. 호포는 특별히 배우지 않더라도 일상에서 누구나 쉽게 실천할 수 있는 수련법입니다. 그렇기에 정신적인 번뇌나 마음의 불편을 호소하는 사람들에겐 우선적으로 호포를 해보라고 권유합니다.

기상과 취침 전후의 15분 명상

해는 오늘도 어김없이 뜨고 집니다. 그에 순응해 낮과 밤이 오가고 사계가 순환합니다. 신비롭고 신기한 섭리입니다. 하늘의 행성들은 어쩌면 저렇게 한 치의 오차도 없이 저절로 잘 돌아갈까요?

다행히 인간의 내면에도 자연의 섭리처럼 작동하는 초지능이 내장돼 있습니다. 그걸 작동하면 인간들의 삶도 자연처럼 완벽에 가까워질 것입니다. 그렇게 해주는 도구가 기상 직후의 15분 명상과 취침 직전의 15분 명상입니다.

일과를 시작하기 전에 15분 명상을 하면 나의 내면을 초지능에 맞추게 됩니다. 자기 직전의 15분 명상도 마찬가집니다. 그것만 하더라도 나의 내면은 그 태연함, 그 고요함, 그 평온함으로 무장됩니다. 평소엔 잘 작동하지 않던 영감이 깨어나 재난이나 불운 등의 탁기들이 나를 비껴가게 해줍니다.

인생사를 꼬이게 만드는 건 크게 두 가집니다. 과거에 대한 후회, 미래에 대한 불안이 그것입니다. 이 두 가지에 휘둘려 당면한 현실에 제대로 대응하지 못하면 치명적인 실책으로 이어질 수 있습니다. 물론 머리로는 다들 과거나 미래가 허구라는 걸 압니다. 과거는 후회해도 바꿀 수 없고, 미래는 걱정할수록 더 망가진다는 걸 다들 압니다. 행복에 집착하면 도리어 불행만 당긴다는 것도 인지합니다.

하지만 에고의 생각은 야생마처럼 과거로, 미래로 미친 듯이 질주만 합니다. 그걸 제어하려는 의지를 거칠게 흔들어 떨어뜨립니다. 에고의 그런 질주를 멈추게 하고, 길들인 명마로 만들어 주는 게 아침, 저녁의 규칙적인 명상입니다. 모든 수련의 시작점이자 도착점이 명상이라고 말해도 과언이 아닙니다.

명상의 핵심은 생각을 끊어버리는 것입니다. 생각을 끊고 철저하게 수동적으로 모든 걸 내면의 초지능에 맡겨버립니다. 물론 초창기엔 잡념이 죽 끓듯이 올라오거나 악감정이 어지럽게 일어나기도 합니다. 그것 역시 인위적으로 떨쳐내지 않고 가만히 두면 머지않아 자연스레 사라집니다.

필살기는 하나면 충분

군대 동기 K의 이미지는 유쾌한 웃음입니다. 빡센 장교 훈련을 받느라 다들 파김치가 됐을 때 그의 웃음은 더 빛났습니다. 짧은 휴식 시간에 잠시 그와 잡담을 나누고 나면 심신이 상쾌해졌습니다.

세월이 훌쩍 흐르고 시니어가 되어 군대동기 모임에서 다시 만났을 때도 그의 웃음은 여전했습니다. 아니, 젠틀한 성공인으로 변해 유쾌한 웃음에 깊이까지 더해졌습니다. K의 필살기는 유쾌한 웃음이었습니다.

'산다는 건 참 좋은 거구나'

그와 담소를 나누고 돌아오면 절로 이런 생각이 들었습니다. 구정물에 오염됐던 심신을 깨끗한 물로 샤워를 한 듯한 느낌이었습니다.

어렸을 때 경주 우리 집의 한 집 건너 단칸셋방에서 살았던 전도사 부부는 감사가 필살기였습니다. 몇십 년 뒤 포항에서 우연히 그들 부부의 집에 초대받아 갔을 땐 많은 게 변해있었습니다. 그들의 아파트는 50평이 넘어 보였고, 주변 소문으론 포항에서 상위 10% 안에 드는 부자였습니다.

어떻게 부자가 되었냐고 물었더니 전도사 사모는 성경은 잘 모르지만 범사에 감사하라, 그 한마디만 매일 입에 달고 살며 실천했다고 말했습니다. 전도사의 부연 설명을 들으니 수긍이 갔습니다. 경주의 교회가 문을 닫으면서 일자리가 없어지자, 그는 지인의 주선으로 포항의 어떤 법무사 사무실에 직원으로 들어갔습니다. 그곳에서 경매를 배워 조금씩 재산을 불렸습니다. 형편이 좀 풀린 뒤에는 주변의 권유로 골프에 입문했습니다. 그는 골프를 통해 좋은 사람들을 많이 만났고, 그들 덕분에 투자에도 성공했다고 알려주었습니다. 그는 뭐든지 진심으로 감사했기에 동네 부자들도 그런 그를 좋아했나 봅니다.

직업상 수많은 사람의 흥망성쇠를 관찰했습니다. 그들을 보니 인생 필살기는 하나만 있으면 충분했습니다. 어쩌면 하나였기에 더 위력을 발휘했는지도 모릅니다.

혹시 인생폭망 필살기도 있나요? 당연히 있습니다. 입만 열면 남들 욕하는 게 아주 약발이 좋습니다. 사람은 누구나 욕을 들으면 꼭지가 돌기에 그 보복도 화끈하게 해줍니다. 폭망각 필살기 역시 이것 하나면 충분합니다.

자신을 위하여 만세삼창

"나를 위해 만세를 외쳐준 사람은 처음이다."

매일 새벽 아차산에 올라 누군가의 이름을 부르며 만세삼창을 해주는 구리 만세맨 유튜브에는 이런 댓글들이 많습니다. 잔잔하면서도 울컥 감동했다는 얘깁니다.

살면서 지금까지 나를 위해 만세삼창을 해준 사람이 있었든가? 짚어보니 하나도 없었습니다. 그렇다고 구리 만세맨에게 그걸 부탁하는 것도 쑥스럽습니다. 그렇다면 간편한 해법은 하나, 내가 자신의 이름을 부르며 만세삼창을 해주는 것입니다. 이건 상상만 해도 재밌습니다. 우선 나 자신을 위해 만세삼창을 하고, 그다음엔 가족들을 위하여, 살면서 고마웠던 은인들과 귀인들을 위하여, 그리고 가슴이 웅장해지면 대한민국과 세계를 위하여 만세삼창을 하겠습니다.

자신을 위해 만세삼창을 하면 우렁찬 그 목소리가 귀를 통해 자신의 무의식에 전달됩니다. 자신을 못마땅하게 생각하거나 이런, 저런 질책만 많이 받았던 무의식 입장에선 그게 신선한 충격이 될 것입니다. 자신의 부족하고 못난 점도 있는 그대로 인정하고 격려해 준다는 시그널이기 때문입니다.

장소는 어디가 좋을까요? 한적한 산이 좋을 것 같습니다. 여의도 한강변과 샛강숲에는 거의 매일 맨발걷기를 하러 가지만, 거기엔 사람들이 많아 만세삼창을 하기엔 좀 그렇습니다.

신문에 났던 구리 만세맨 기사를 보면 만세삼창이 주는 위로와 격려는 생각보다 대단합니다. 임종을 앞둔 80대 어느 아버지는 50대 아들이 건네준, 자신을 위한 구리 만세맨의 만세삼창 영상을 보고 웃으며 생을 마감했다고 합니다. 그게 생각나 지난 3월 막토엔 법산우회 북한산 시산제에 참가해 낙상사고의 후유증으로 병원에서 장기요양 중인 후배를 위해 혼자서 만세삼창을 해주었습니다. 그렇게 하니 만감이 교차하면서도 마음이 짐이 가벼워지는 것 같았습니다.

우리는 너나없이 무지개 같은 행복을 잡으려 정신없이 질주만 했다가 제풀에 많이들 지쳤습니다. 그렇게 풀이 죽은 자신에겐 만세, 만세, 만세를 외쳐주는 만세삼창이 다시 생기를 살려주는 명약입니다.

4장

무행복의 역설

"혼란이 우리를 구원합니다. 혼란스러워하는 사람에게는 아직 희망이 있습니다. 따지고 보면 혼란은 남이 내놓은 해답에 치명상을 입지 않고 남이 내놓는 발상에 능욕당하지 않도록 막아주는 최고의 방패이자 최고의 친구입니다. 혼란스럽다면 아직은 자유로운 것입니다."

데이비드 호킨스

초짜 시절의 건방진 생각

인생이 뭔가요? 완전군장에 100킬로 행군입니다. 현학적인 이론이 아니라 직접 살아보니 그랬습니다. 예전엔 주로 65킬로 행군이었지만 100세 시대인 요즘은 자연스레 100킬로 행군으로 바뀌었습니다. 완전군장에 100킬로 행군은 한마디로 빡센 여정입니다. 50분 행군에 10분 휴식을 취해도 매구간이 간단치 않습니다.

"겨우 이 정도야? 생각보다 별거 아니네."

사회생활을 조금 했던 행군 30킬로 구간에선 이런 건방진 생각이 들었습니다. 길은 비교적 평탄했고, 월급도 따박따박 잘 나왔습니다. 우쭐하는 일들도 제법 있었습니다. 그러다 보니 행군의 목적도 방향도 잊어버리고 자만에 빠져 방심하게 되었습니다.

하지만 그런 봐주기가 100킬로 내내 이어지는 건 절대 아니었습니다. 한참을 가다 보니 도중에 다치는 사람들이 속출했습니다. 심지어 목숨을 잃는 전사자도 나왔습니다. 그건 갈수록 간단치 않은 여정이었습니다. 30킬로 구간의 건방진 생각은 나중에 값비싼 대가를 치러야만 했습니다.

물론 행군하다 보면 굽이굽이 즐거움도 있습니다. 고단한 행군으로 허기가 지면 소박한 주먹밥 하나도 꿀맛이고, 길가에 핀 야생화 한 송이도 아름답게 보입니다. 산 정상에 오르면 세상을 발아래로 내려보면서 통쾌함을 만끽합니다. 심야의 산길을 행군하면 멀리 인가에서 비치는 불빛이 더없이 아늑하게 느껴집니다.

그러나 소소한 즐거움은 그냥 즐거움일 뿐입니다. 그걸 행복으로 포장하는 건 과포장입니다. 인생이 100킬로 행군이라면 굳이 행복을 우선적으로 들먹일 이유가 없습니다. 그런 잡생각을 털어버리고 그냥 목적지를 향해 무심하게 걸어가는 게 더 현명한 전략입니다.

그럼에도 불구하고 우리는 수시로 행복이란 컨셉에 매몰됩니다. 이게 행복일까? 난 지금 행복한가? 자신에게 자꾸 이렇게 물어보는 건 사서 고생일 뿐입니다. 그걸 멈추지 않으면 행군 자체가 더 힘들어집니다.

발톱 하나만 다쳐도 악전고투

100킬로 행군 훈련은 구간의 절반 이상이 산악입니다. 그런 행군을 하면서 초반부에 잠시 딴생각을 하며 한눈을 팔다가 워커발이 돌부리에 세게 부딪히고 말았습니다. 악, 극심한 통증이 밀려와 비명을 지르며 주저앉았습니다. 급히 워커를 벗고 확인해보니 오른쪽 엄지발톱이 허옇게 죽어버렸습니다. 보급받은 워커가 한치수 작아 애초에 빡빡했는데 그게 돌부리와 부딪히면서 예상하지 못했던 부상을 당하고 말았습니다.

겨우 발톱 하나를 다쳤는데도 그 이후엔 걸을 때마다 워커 가죽이 상한 발톱을 건드려 발끝에서 머리끝까지 통증이 느껴졌습니다. 그런 상태로 1시간을 더 걸으니 식은 땀이 군복 내의를 축축하게 적시고 얼굴이 창백해졌습니다. 그걸 본 전우들은 구급차 후송을 권유했지만, 자존심이 허락하지 않아 이를 악물고 참았습니다. 행군이 아니라 고행을 하는 것 같았습니다. 이른 아침 출발할 때는 날씨가 맑았지만 가장 높은 고지를 넘어야 하는 저녁 무렵엔 비가 주룩주룩 내렸습니다. 판초 우의를 꺼내 입었지만, 빗물은 사정없이 옷 속에 스며들어 한기를 한기를 더해줬습니다.

인생 행군에서도 발톱부상은 좌천의 형태로 나타났습니다. 역시 방심했을 때 그렇게 됐습니다. 사업가의 부도, 권력자의 실각 같은 것이 직장인의 좌천입니다. 긴 세월 힘들게 쌓았던 모래성은 그 한방에 맥없이 허물어졌습니다. 한 치 앞이 보이지 않을 정도로 앞날이 캄캄해졌습니다. 물론 자업자득이었지만, 그래도 너무 아팠습니다.

하지만 그런 시기에도 비상식량처럼 주어지는 것이 있었습니다. 바닥까지 추락하니 누가 친구이고 누가 적인지 선명하게 보였습니다. "흔들리지 않고 피는 꽃이 어디 있으랴." 어려울 때 친구들이 건네주었던 이런 위로와 격려는 가슴에 새겨졌습니다. 좌천은 몹시 쓰라렸지만 그 덕분에 자신의 미욱함을 뼈저리게 성찰할 수 있었습니다.

장교훈련 100킬로 행군에서 가장 가파른 구간을 오를 땐 몇 번이나 미끄러졌습니다. 겨우 끝자락에 왔다고 생각한 순간 비에 젖은 워커는 주루룩 미끄러져 다시 원점으로 내려갔습니다. 그게 몇 차례 반복되니 미칠 지경이 되었습니다. "차라리 죽었으면 좋겠다." 인생 실전에서도 이런 극단적인 생각이 드는 구간들이 있습니다. 해도 해도 안 되는데, 교관은 자꾸 이 구간을 돌파하라고 다그치면, 모든 걸 포기하고 싶어집니다. 지옥은 피안 저 먼 곳에 있는 게 아니었습니다. 이런 구간들이 바로 생생한 지옥이었습니다.

그렇게 지옥구간을 행군하는 사람들에게 행복을 논한다? 이거야말로 그들에게 찬물을 끼얹는 것이나 마찬가집니다. 그 대단한 행복론에 혹했다가 그것 때문에 좌절한 사람들이 어디 한둘입니까? 부귀권세를 다 누린 사람들도 저렇게 찬물공격을 받으면 인생중퇴까지 해버립니다. 끼니를 걱정하는 사람들은 더 말할 것도 없습니다.

조심할 건 발밑의 돌부리

비교적 순탄하게 장교 훈련 100킬로 행군을 마친 전우들에겐 그 훈련이 뿌듯한 성취였을 겁니다. 하지만 엄지발톱을 다쳤던 저자에게는 언제 생각해도 몸서리가 나는 지옥의 고통이었습니다. 이런 돌부리는 인생 실전에서도 곳곳에 널려있습니다. 예외는 거의 없습니다.

법대 선배 1인은 믿었던 친구에게 사기를 당해 사업이 한방에 훅 날아갔습니다. 배신감에 마음이 무너지고, 사람이 무서워진 그는 아는 사람이 하나도 없는 러시아로 가서 벌목작업을 하며 자신을 성찰했습니다. 혹독했던 셀프 형벌을 마치고 귀국한 그는 이제 먹고 살 만큼만 사업을 하며 산행으로 마음을 추스르고 있습니다.

"사기를 당하지 않으려면 어떻게 해야 합니까?"

저마다 곡절이 있는 사람들에게 물어보면 그 답은 대체로 비슷했습니다. 사람의 진위를 제대로 간파하는 눈이 무엇보다 중요하다는 것입니다.

하지만 사기꾼들은 사람을 속이는 고수들이라 그게 쉽지 않습니다. 긴 세월 상대에게 공을 들이고, 궂은 일을 자기 일처럼 도와주는 날들이 계속되면 자신도 모르게 그 사람을 철석같이 믿게 됩니다. 그렇게 심리적 가스라이팅이 끝났을 때 그들은 결정적인 한 방을 날려 내 모든 것을 가로채고 멀리 달아납니다.

열 길 물속은 알아도 한 길 사람 속은 모른다고 합니다. 그렇다면 방법은 딱 하나, 상대의 마음이 아니라 내 마음이나 잘 살피는 것입니다. 어쩌면 행복을 탐하는 마음이 사기를 당하는 중요한 원인일지도 모릅니다. 뭔가를 탐하는 건 내 그릇 이상의 이득을 바라는 것입니다. 그 대상은 행복일 수도 있고, 돈이나 자리일 수도 있고, 인간관계일 수도 있습니다.

"오빠 믿지?"

"우리 사이에 이럴 수 있어?"

상대의 이런 말에 마음이 약해져 무리하게 거액을 빌려주거나 과도한 계약을 맺는다면, 그건 사기로 이어질 가능성이 다분합니다. 추상적인 행복을 탐하는 마음이 구체적인 물질이나 실제적인 인간관계를 탐하는 마음과 다를 바 없습니다. 더 직설적으로 말하면 행복을 과하게 탐하면 사기나 당하는 호구로 전락한다는 것입니다.

대검찰청 자료를 보면 대한민국에서 일어나는 사기 범죄는 연간 35만 건을 넘었습니다. 전체범죄의 30%가 사기입니다. 심지어 수사 엘리트인 검사마저 사기를 당하기도 합니다. 검사가 어디 법을 몰라서 사기를 당했을까요? 인간관계나 체면 등에 걸려 설마 하며 방심했기에 당했을 것입니다.

사기를 당하는 건 결과적으로 자신을 극도로 학대하는 것입니다. 한번 당하면 재산은 물론 마음도 산산조각이 납니다. 더 심한 경우엔 화병에 걸려 자다가도 벌떡 일어나 부들부들 떨거나 시름시름 앓다가 목숨을 잃기도 합니다. 독사를 뱀장어로 착각해 손으로 덥석 잡으면 독을 뿜는 그 이빨에 물려 이렇게 치명상을 당합니다.

돌부리는 길 위에도 있고 내 마음속에도 있습니다. 고개

너머에서 보이는 무지개만 잡으려고 하면 밭 밑의 돌부리를 살피지 못합니다. 내가 우쭐하면 언제 돌부리에 부딪힐지 모릅니다. 그리고 한 번만 제대로 부딪히면 너무나 많은 걸 잃게 됩니다.

깔딱고개에선 단순 무식하게

행군은 물론 인생사에서도 일종의 설정처럼 깔딱고개가 있습니다. 구간마다 정상을 앞둔 9부 능선 부근에는 걷기만 해도 숨이 깔딱거린다는 깔딱고개가 등장합니다. 여기에 이르면 체력은 거의 방전됐습니다. 정신력도 사실상 고갈됐습니다. 후들거리는 다리는 경사도 30도 정도의 고개만 만나도 그냥 암담해집니다.

이 구간을 통과하는 요령은 뭘까요? 단순 무식입니다. 여기에선 묻지도 따지지도 말고 그냥 걸어야 합니다. 단순하게 걷고, 무식하게 걷고. 이것이 최선의 요령입니다. 그렇게만 하면 어느새 깔딱고개가 끝나고 편안한 평지가 나타납니다. 그

때 돌아보면 힘들었던 깔딱고개도 겨우 저거였나, 별것 아닌 것처럼 생각됩니다. 이미 나 자신의 내공이 훌쩍 자라버렸기 때문입니다.

"난 눈 하나 깜박하지 않고 당신을 베어버릴 수 있소."

사찰을 급습한 적장이 참선 중인 스님에게 이렇게 협박했습니다. 스님은 그를 응시하면서 차분하게 답변했습니다.

"난 눈 하나 깜박하지 않고 당신에게 베일 수 있소."

"벨 테면 베라."는 담력입니다. 예상치 못한 반격에 적장은 흠칫 놀랐습니다. 그러다가 칼을 거두고 물러가면서 사찰 대문에 방을 하나 붙였습니다. 이 절에는 도인이 계시니 함부로 범접하지 말라!

이 적장은 누구일까요? 어떨 때는 죽음이라는 존재입니다. 또 어떨 때는 깔딱고개라는 존재입니다. 느닷없는 좌천이나 사업 실패, 극심한 갈등이기도 합니다. 그렇게 적장이 급습했을 땐 잔머리를 굴리는 게 최악입니다. 생각의 세계에선 만사가 고민의 씨앗일 뿐이기 때문입니다.

깔딱고개가 나타나면 이른바 에고는 온갖 수작을 다 부립니다. 그렇게 살면 행복해? 남들은 또 널 보고 뭐라고 할 것 같아? 부끄럽지도 않아? 무섭지도 않아? 잘못하면 쫄딱 망할 수도 있어? 재수 없으면 죽을 수도 있다고? 이럴 때는 간결한 저 한마디, 차분한 저 한마디가 직방입니다. "벨 테면 베라."

사노라면 깔딱 고개는 수시로 등장합니다. 하지만 그래봤자 메뚜기 한철입니다. 깔딱고개가 나오면 단순 무식하게 대응하면 그만입니다.

지나고 나면 그리워진다

오전 7시에 출발해 다음 날 아침 6시에 귀환. 장장 23시간에 걸친 100킬로행군이 끝났을 때 성한 사람이 거의 없었습니다. 최소한 발이 헐거나 까져서 절뚝거렸습니다. 그럼에도 불구하고 다들 표정이 밝았습니다. 드디어 끝났다, 저걸 내가 해냈다, 그런 안도감과 자긍심이 행군의 고통을 잊게 해주었습니다. 일주일쯤 지나자 주로 무용담만 회자되었습니다. 혼자서는 도저히 할 수 없는 이런 훈련을 받다니, 우리는 참 행운아다, 그런 얘기들이 많았습니다.

"모든 것은 순간이다.

그리고

지나간 것은 그리워하느니라."

푸시킨의 시구 그대로였습니다. 지나고만 나면 과거사는 희한하게도 8할 이상이 미화됩니다. 인간의 무의식에 새겨진 일종의 생존기제 같습니다. 이런 생존기제가 있기에 여자들은 산고의 고통에 신음하고서도 일정 기간이 지나면 또 임신과 출산을 합니다. 사업가는 망했다가도 재기하고, 직장인은 좌천을 당했어도 다시 일어섭니다.

과거사 미화공식은 인생 전체에 그대로 적용됩니다. 어떻게 하든 힘든 고비를 넘기고 나면, 지금의 이 암담한 상황들도 대부분 좋게 미화됩니다. 안락하기만 했던 시절보다 더 그립게 느껴집니다.

애석하지만 세상에는 이 고비를 넘지 못하고 더 나락으로 추락하는 군상들도 있습니다. 무엇이 저들의 발목을 잡았을까요? 십중팔구 공허한 행복론이 원인으로 작용했을 겁니다.

"이렇게 살아서 뭐하나?"

절망의 극한으로 몰리면 내면에선 이런 한탄이 나왔을 것입니다.

"그렇게 죽으면 뭐하나?"

그 절체절명의 순간에 왜 이런 반론이 나오지 않았을까요? 행복 여부만을 따지고, 남들과 비교하며 자신을 너무 못나게 만든 댓가 아닐까요? 존엄의 표상인 자신을 죽어 마땅한 존재로 격하하는 건 장난삼아 거지와 옷을 바꿔입었다가 실제로 거지가 되고 말았던 '왕자와 거지'보다 더 웃픈 변신입니다.

내면의 과객을 후하게 대접하라

"과객을 후하게 대접하라."

12대 만석꾼의 진기록을 세운 경주 최부자집 유훈 6조 가운데 하나가 이것입니다. 이 조항을 실천했기에 '3대 부자 없고 3대 거지 없다'라는 속설을 깨고 전대미문의 새 지평을 열었습니다.

최부잣집에선 연간 쌀소비량 3천석 가운데 1천 석이 과객 접대용이었다고 합니다. 주인이 볼 수 없는 사랑채 근처에 뒤주를 만들어 과객들이 떠나면서 남사스럽지 않게 쌀을 퍼갈 수 있게 했습니다. 조선조에선 쌀이 곧 화폐였기에 과객들은 대접을 후하게 받고, 노잣돈까지 셀프로 챙겨갈 수 있었습니다.

과객들은 그 답례로 세상 돌아가는 정보를 상세하게 전해 주었습니다. 또 최부자의 후덕함을 동네방네 퍼뜨리기도 했습니다. 그들의 바이럴 마케팅이 최부잣집을 지탱해 준 원동력이 되었습니다.

그런 과객들은 외부에서도 찾아오지만, 내면에서도 수시로 찾아옵니다. 과객들은 대부분 행색이 꾀죄죄합니다. 그런 주제에 기는 죽기 싫다며 십중팔구 허세까지 부립니다. 그들의 면면을 보면 불안, 우울, 서러움, 열등감, 죄책감, 원망, 분노, 두려움… 하여간 쪽수가 많습니다. 물론 내면의 과객들도 최부자처럼 대접하면 됩니다. 그 이상의 접대법은 찾아보기 어렵습니다.

1. 주안상을 차려준다.
2. 그들의 말을 들어주고 맞장구를 쳐준다.
3. 떠날 때는 노잣돈을 챙겨준다.

내면 과객들에 대한 접대의 중요성은 '신과 나눈 이야기'에서도 누누이 강조했습니다. 또 그렇게 하지 않았을 경우의 비극에 대해서도 엄중하게 경고했습니다.

"자신의 서러움을 마음껏 표현할 수 있을 때, 너희는 서러움에서 벗어난다. 계속해서 억눌린 서러움은 대단히 부자연스러운 감정인 만성 우울로 된다. 사람들이 살인하고, 전쟁이 시작되고, 국가가 무너지는 건 만성 우울 때문이다."

애석하지만, 우리는 이런 감정들을 참아야 한다고 배우며 살았습니다. 내면의 과객들을 무시하고 망신을 주어 쫓아내는 만행을 익히며 성장했습니다. '참을 인忍자' 세 번이면 살인도 면한다는 황당한 도그마에 세뇌가 되고 말았습니다.

그런 헛발질을 하면 어떻게 될까요? 요즘 핫이슈로 떠오른 의대 2천 명 증원사태가 반면교사입니다. 그동안 의료진에게 냉대를 받았던 소시민들은 누적된 악감정을 마구 표출합니다. 의사들은 날개 없이 추락 중입니다. 판검사 뒤에 영감 호칭이 사라졌듯이 의사 뒤에 붙었던 선생 호칭이 증발하고 있습니다. 재산도 덩달아 사라지고 있습니다.

그럼, 내면에선 어떻게 될까요? 내가 냉대했던 우울이나 불안, 수치심이 봉기하면 최악의 경우 스스로 목숨을 끊어버리게 만듭니다. 일국의 대통령을, 수도 서울의 시장을 역임했던 사람들도 그렇게 갔습니다. 재벌급 CEO도 마찬가지였습니다.

"내면의 과객을 후하게 대접하라."

이 내비게이션 하나가 인생의 흥망을 가릅니다. 물론 말로는 쉽지만, 실천은 어렵습니다. 그럼에도 불구하고 그걸 외면하면 그 결과 또한 어김없이 다가올 것입니다.

차라리 실컷 비참해지면

얼마나 속아야 행복하다 할까? 행복에 속은 사람들은 이런 가사까지 만들어 노래로 부릅니다. 그렇게 속고 살 바에야 차라리 포기하고 불행의 비를 흠뻑 맞아버리는 건 어떨까요?

사람을 불행하게 만드는 감정들은 행복의 표상보다 더 풍성합니다. 수치심, 열등감, 자학, 두려움, 공포, 미움, 원망, 분노, 어리석음, 허무⋯ 이 모든 감정들이 사람을 불행하게 만들어 줍니다.

개인적으론 수치심이 많았습니다. 나는 왜 이것밖에 안 되나? 열등감에서 파생된 수치심은 고개를 떨구게 했습니다. 하지만 그걸 남들에게 들키면 짓밟힐 것 같았기에 안 그런 척 위장했습니다. 어리석다 비웃음을 받는 게 두려워 현학을 과시했습니다. 그것이 누적되어 폭발한 분노는 측량하기 어려울 정도였습니다.

하지만 그런 가면을 벗어던지고 내 감정에 솔직하면 어떨까요? 대중탕에 들어가 벌거벗고 있는 것처럼 날것 그대로의 감정을 있는 그대로 받아들이는 겁니다.

1. 나는 정말 수치스럽다.
2. 나는 정말 무섭고 두렵다.
3. 나는 정말 어리석다.
4. 나는 정말 궁핍하다.
5. 나는 정말 허약하다.

이런 감정들을 가감 없이 느껴주면 그 비참함은 이루 말할 수 없습니다. 자존심은 지하실의 바닥까지 추락합니다. 눈물이 주르르 흐릅니다. 펑펑 울기도 합니다. 비극의 주인공이 된 것처럼 한없이 위축됩니다. 그렇지만 이런 과정을 거치면 내 마음속의 저 밑바닥에 침전되었던, 나를 괴롭히던 감정의 찌꺼기들이 배설됩니다. 이 순간 행복하지는 않지만 후련해지는 것입니다. 아리스토텔레스의 시학에 나오는 카타르시스, 감정의 정화가 바로 이것입니다.

어차피 불행할 거라면 마음껏 불행합시다. 어정쩡하게 불행할 게 아니라 온몸으로 불행합시다. 그렇게 불행의 마지막 바닥까지 추락하면 어떻게 될까요? 극즉반, 즉 극에 이르면 거꾸로 돌아서게 됩니다. 너무 어이가 없어 도리어 웃음이 터집니다. 하도 기가 막혀 정신없이 웃었다는 사람도 있습니다.

내 안에서 그렇게 불행을 만끽하고 나면 내게는 더 이상 불행이 남아나지 않습니다. 탈탈 털어 소진된 감정들은 내게 작별을 고하고 태풍이 소멸하듯 사라집니다. 간혹 비슷한 감정이 일어나기도 하지만 기껏해야 미풍 정도로 끝납니다.

행복이 좋다지만 거기에 속고 또 속는 건 피곤한 노릇입니다. 두렵고 겁나더라도 불행의 빗속으로 뛰어드는 게 차라리 속이 편합니다. 쏟아지는 장대비에 들어가 흠뻑 맞아버리면 도리어 시원하고 홀가분해집니다.

외로움도 가짜다

산전수전 J가 말로는 전혀 행복하지 않다고 했지만, 그의 진짜 속내는 뭘까요? 혹시 외로워서 저러는 건 아닐까요? CEO는 누가 보더라도 외롭고 힘든 자리입니다. 결정은 최종적으로 자신이 해야 하고, 그에 따른 책임도 오롯이 자신의 몫입니다. 직원들은 동료들과 함께 불평이라도 터뜨리며 스트레스를 풀 수 있지만 CEO는 그러지도 못합니다. 사업은 달리는 자전거와 같아 멈추면 넘어지는데, 계속 달리자니 난제는 끝없이 밀려옵니다.

"나 힘들고 외로워."

그런데 요즘은 직원들도 이렇게 호소합니다. 동료집단이

있더라도 속내를 털어놓을 수 있는 우군은 별로 없다는 반증입니다. 이제는 너나없이 외로움 전성시대 같습니다. 영국에선 아예 고독부를 만들어 정부 차원에서 외로움 치유에 나섰을 정도입니다.

1. 난 혼자 태어나 혼자 죽어간다.
2. 고락을 함께 할 내 편이 하나도 없다.

외로움에 사로잡히면 주로 이런 기분이 듭니다. 이 넓은 세상천지에 나 혼자 외딴섬처럼 덩그러니 떠 있는 것 같습니다. 무섭고 두렵습니다.

물론 사람들은 저게 틀렸다는 걸 머리로는 압니다. 나는 가족들의 도움을 받아 태어났습니다. 죽을 때도 주변에 가족 혹은 의료진이 있을 겁니다. 설사 그게 없더라도 하늘과 땅, 삼라만상이 늘 내 곁에 있습니다. 이른바 삼신 할매나 조상신 혹은 절대 신처럼 나를 지켜주는 영적인 존재들도 있습니다.

심지어 나 자신마저도 단독자가 아니라 몸과 마음, 영혼으로 이뤄진 삼중의 존재입니다. 마음은 혼자라 외롭다며 몸속에 독한 알코올과 해로운 니코틴을 퍼부어도 몸은 날마다 나를 위해 칙칙폭폭 칙칙폭폭 힘차게 달려줍니다. 영혼은 몸이

지치면 가볍게 쓰러뜨려 잠으로 쉬게 해줍니다. 그러면 몸은 마음도 같이 자게끔 전등의 스위치를 꺼줍니다. 그런데도 마음은 투덜이 스머프처럼 눈만 뜨면 나만 외로워, 나만 힘들어, 나만 억울해, 아주 노래를 부릅니다.

하지만 이제 그만. 팩트는 가감 없이 팩트로 인지할 때가 됐습니다. 세상은 있으면서 없고, 없으면서 있다는 것, 그래서 인생은 일장춘몽이란 걸 인정하면 됩니다. 그 꿈속에선 낮이 있으면 밤도 있다는 걸 받아들이면 됩니다. 그렇게만 하면 무겁기만 했던 인생의 짐도 많이 가벼워지지 않을까요? 그런 변화의 수순은 다음과 같습니다.

1. 나 지금 많이 외롭다.
2. 이 감정도 시간이 지나면 변한다.
3. 그러니 그냥 두는 게 상책이다.

이것을 한마디로 압축한 워딩이 Alone With(혼자면서 함께)입니다. 외롭지만 홀로서기를 해내면 그렇게 우뚝 일어선 다른 이들과 함께하게 된다는 의미입니다.
"무소의 뿔처럼 혼자서 가라."

불가에선 이렇게 말합니다. 저널리스트 출신의 작가 사라 밴 브래스낙은 가족들과 함께 살면서도 '혼자 사는 즐거움'을 강조하기도 했습니다. 하지만 인생 실전에선 혼자서도 가고, 함께 가기도 합니다. 이 구간은 혼자서 걷고, 저 구간은 함께 걷습니다. 그것만 인정해도 외로움의 무게는 그만큼 줄어들 것입니다.

다시 태어나고 싶지 않다

"다시 태어나도 아나운서 하실 건가요?"

사회자가 한때 스타 아나운서였던 이계진 님에게 이렇게 물었습니다. 그의 답변은 예상을 많이 빗나갔습니다.

"저는 다시 태어나고 싶지 않아요."

다들 놀라며 그 이유를 물었습니다. 그는 사는 게 너무 힘들어서 그렇다고 대답했습니다.

강원도 원주에서 태어나고 자란 그는 날마다 40리 길, 즉 16키로를 걸어서 학교에 다녔습니다. 고려대 국문학과에 입학했지만, 가난했던 아버지는 입학금 한 번만 지원했습니다. 과외로 학비와 생활비를 버느라 청춘의 낭만이 없었습니다.

KBS 아나운서가 된 이후에도 8년간 프로그램을 하나도 못 맡았습니다. 5분짜리 라디오 뉴스나 하면서 불우한 세월을 보냈습니다.

하지만 사노라면 음지가 양지로 바뀌는 날도 있게 마련입니다. 어느 날 점심을 마치고 돌아오던 KBS 사장이 그의 방송을 듣고 그 음색에 반했습니다. 저 친구 누구야? 당장 대담 프로그램 맡겨!

그날 이후 그는 비온 뒤 죽순이 자라듯이 눈부시게 성장했습니다. 그의 대담프로는 인기 절정이었습니다. '남자도 가끔은 옛사랑이 그립다.' 이런 수필집을 발간하면 수십만 권이 팔렸습니다. SBS는 개국 이후 그를 간판 아나운서로 스카우트했습니다. 나중에는 정치권에서 그를 영입해 재선의원을 역임했습니다.

천둥번개처럼 몰아친 득의의 세월이 채 끝나기도 전에 그는 50대 초반에 일찌감치 경기도 광주로 낙향해 농부로 변신했습니다. 농사를 지으면서 가끔 소일삼아 방송에 출연하고 에세이집도 출간합니다.

개인적으론 40대 후반에 첫 책을 출간했을 때 그가 추천사를 써주었던 추억이 있습니다. 그와는 일면식도 없었지만,

중간에 다리를 놓아주었던 직장 상사가 대학 후배라고 알려주자 두말없이 그렇게 해주었습니다. 나중에 그와 처음으로 저녁 식사를 할 때는 사람이 저렇게 겸손할 수도 있구나, 속에서 감탄이 나왔습니다.

"전생에 나라를 구했다."

"이생망. 이번 생은 망했다."

일상에서 자연스레 이런 말을 나눌 정도로 사람들은 이제 전생과 내생 개념을 유연하게 받아들입니다. 다만 전생을 얘기할 때도 막연하게나마 한두 번 혹은 서너 번 정도의 삶을 살았을 것으로 짐작합니다. 하지만 '신과 나눈 이야기'에서 신이 저자 월쉬에게 해준 설명은 그런 선입견을 파격적으로 뒤흔듭니다.

"너는 647번의 과거 생을 살았다. 너는 그 과거 생에서 모든 것이었다. 왕이었고, 여왕이었으며, 농노였다. 선생이었고 학생이었으며 스승이었다. 전사이기도 했고, 평화주의자이기도 했으며, 영웅이었고, 비겁자였으며, 살인자였고, 구원자였으며, 현자였고 바보였다. 너는 그 모든 것이었다. 어떤 체험의 선택을 하고 싶은 바람은 과거 체험에서 나온다."

그럼 월쉬의 내생은 어떻게 될까요? 신은 아직도 서너 번의 생이 더 남았다고 했습니다. 650번 이상의 삶을 체험해야 인간수업을 마치고 다른 차원으로 넘어간다는 얘깁니다.

사람들은 인생이 이번 한 번이라고 생각하기에 이것, 저것 많은 것에 욕심을 냅니다. 아니면 그 반대로 이걸 할까, 저걸 할까 망설이며 우물쭈물하게 됩니다. "우물쭈물하다가 내 이럴 줄 알았다"는 묘비명엔 그런 혼선과 회한이 고스란히 담겨 있습니다. 그러나 남녀를 넘나들고 영욕을 체험하면서 그래도 미진했던 그 무엇을 더 경험해 보고 싶어 지금의 삶으로 왔다는 걸 납득한다면 생각이 많이 달라지게 됩니다.

죽음 이후에 펼쳐지는 세상

"죽느냐, 사느냐? 그것이 문제로다.(To be or not to be, that is the question)"

고민남 햄릿은 암살당한 선친의 복수전을 다짐하고서도 이렇게 번뇌합니다. 죽음 이후의 세상이 도무지 감이 잡히지 않아 계속 망설이기만 합니다.

하지만 이제는 수많은 임사 체험자들의 증언을 통해 사후 세계의 모습도 그 윤곽이 많이 드러났습니다. 사람들이 막연히 짐작했던 것과는 많이 다른 모습이었습니다. 그것은 대략 다음과 같습니다.

1. 사후 심판이나 지옥은 없다.

2. 자신의 삶을 한꺼번에 리뷰한다.

3. 윤회 여부도 자신이 결정한다.

사후 심판은 없다, 또 지옥도 없다는 건 종교적인 설명과는 정반대입니다. 자신의 삶을 한꺼번에 리뷰한다는 건 시간과 공간이 사라지고 지금 여기만 존재한다는 의미입니다. 그럼에도 불구하고 자신의 정체성은 그대로 있으며, 그다음의 생 역시 자신이 선택합니다.

몸에 대한 관념도 달라집니다. 이 몸을 자신으로 알아 애지중지했지만, 피안으로 가면 그 생각이 싹 바뀐다고 합니다. 비유하건대 농부의 옷 갈아입기와 마찬가지입니다. 농부가 들에서 열심히 일하면 옷은 땀에 절고 흙이 묻어 지저분해집니다. 일을 마치고 집으로 돌아온 농부는 더러워진 옷들을 벗어 세탁 통에 넣고 시원하게 샤워합니다. 그렇게 개운해진 몸에 땀과 흙으로 절은 그 옷을 다시 입을까요? 당연히 새 옷을 입게 됩니다. 세탁 통에 넣은 옷들은 전혀 아깝지 않습니다.

라이프 리뷰도 독특합니다. 출생부터 죽음까지의 전 과정을 시간의 순서에 따라 보는 게 아니라 한꺼번에 동시다발적으로 본다고 합니다. 그걸 보면서 자신의 감정과 느낌은 물론 나로 인해 상대들이 느꼈던 그것들도 함께 리뷰합니다. 그리고 이번 삶을 통해 자신이 어느 만큼 성장하고 진화했는지를 가늠합니다.

그럼 임사 체험자들은 그 좋은 피안을 두고 왜 만만치 않은 이곳으로 다시 왔을까요? 사람마다 약간의 차이는 있지만 중간에 삶을 포기했을 경우, 지금보다 더 악조건의 삶을 처음부터 다시 겪어야 한다는 걸 알았기 때문이었습니다. 영혼이 성장을 위해 한번 선택한 삶은 반드시 겪고 넘어가야만 한다는 것입니다.

"그녀는 폭소를 터뜨린다."

'신과 나눈 이야기'는 수많은 윤회를 거쳐 자신이 누구인지를 완전히 자각한 영혼의 상태를 이렇게 설명합니다. 인생 여정의 의미를 완전하게 이해하고 나면 저렇게 웃는다고 합니다.

물론 그녀가 자신의 여정을 마쳤다고 해도 다른 사람들은 여전히 자신의 여정을 계속합니다. 그녀는 피안에서 존재 상태로 남을 수도 있고, 순전히 남들의 여정을 돕기 위해 다시 한번 더 환생할 수도 있다고 합니다. 그렇게 환생한 사람들은 오로지 봉사만 하기에 사람들이 금방 알아볼 수 있습니다.

"혹시 저도 그런 사람인가요?"

저자 월쉬가 필담으로 이렇게 물어보자, 신은 드라이하게 부인합니다.

"그런 질문을 한다는 것 자체가 너는 그런 사람이 아니라는 것이다."

온통 베일에 싸였던 사후세계의 실상들이 하나, 둘 밝혀지는 건 굿 뉴스입니다. 우리는 죽음에 대해 아는 만큼 삶에서도 더 자유로워질 것입니다. 그래서 21세기는 유례없이 멋진 시대입니다.

5장

10년만 더 일찍
알았더라면

"죽음에 대해 자주 말하지 마십시오. 죽음보다 확실한 건 없습니다. 인류 역사상 어떤 예외도 없었습니다. 확실히 오는 것을 일부러 맞으러 갈 필요는 없습니다. 그때까지는 삶을 즐기십시오. 우리는 살기 위해 여기에 왔습니다."

윌리암 셰익스피어

대가의 가르침도 행복론은 허사

104세 노철학자 김형석 님은 사랑이 있는 고생이 행복이라고 가르칩니다. 70세 시니어 동물학자 최재천 님은 대한민국이 제법 잘하는 나라인데도 행복한 사람이 없다며 토론 대신 숙론을 강조합니다. 토론은 누가 옳으냐에 집착해 인신공격으로 전락하는 반면 숙론은 무엇이 옳으냐를 찾기에 합의점을 도출할 수 있다는 것입니다. 물론 그 목적은 행복입니다.

두 석학의 가르침은 반듯하고 심오하지만, 애석하게도 시대가 다르게 변했습니다. 사람들은 이제 고생 자체를 싫어합니다. 또 지루한 숙론 대신에 즉흥적인 찬반을 더 좋아합니다. 옳고 그름이 아니라 자신의 성향에 따라 맹목적인 지지나

반대만 격하게 표출합니다.

영화 '라스트 사무라이'에선 이런 엇박자의 결말을 냉정하게 보여줍니다. 신정부에 반발한 사무라이 집단이 전통무기인 칼을 뽑아 들고 기마돌격을 감행하자 정부군은 그들에게 신무기인 기관총을 난사합니다. 추풍낙엽… 자긍심만 드높았던 사무라이 돌격대는 낙엽처럼 우수수 낙마하며 죽어갑니다.

영화는 그 장면을 슬로우 모션으로 길게 보여줍니다. 수백 년 이상 영화를 누렸던 사무라이 집단은 그렇게 몰락하고, 관료와 자본가들이 그 자리를 대신합니다. 두 석학의 가르침이 고색창연한 칼이라면, 신무기 기관총에 해당하는 건 뭘까요? 아마도 이론의 한계를 넘어서는 마음공부의 가르침이 그에 해당할 것입니다. 표면적인 논리를 넘어 마음과 영혼의 속성까지 망라한 해법을 제시하기 때문입니다.

"너희가 행복해지려고 애쓰든, 현명해지려고 애쓰든, 사랑이 되려고 애쓰든, 혹은 신이 되려고 애쓰든 행함만으로는 거기에 이를 수 없다."

'신과 나눈 이야기' 3권에선 이렇게 일러줍니다. 노력하면 된다는 세상의 기대치를 완전히 뒤엎어 버리는 설명입니다.

동시에 거기에 이르는 길은 거기에 있는 것이라고 알려주며 그건 이토록 간단하다고 강조합니다. 한마디로 의식 자체를 바꾸는 게 해법이라는 것입니다. 행복을 포기하라는 것도 의식을 바꾸라는 의미입니다.

그런데도 사람들은 자신의 현재의식만을 완강하게 고수합니다. 걸핏하면 법대로 하자, 원칙대로 하자는 것도 그런 고집의 반영입니다. 법 위에 권력이 있고, 권력 위에 사람의 마음이 있다는 걸 애써 외면합니다. 그러면 그 결과, 역시 내심 기대하는 것과는 정반대로 돌아오게 마련입니다.

무소유를 넘어 무행복으로

법정 스님이 제시한 무소유 컨셉은 많은 이들의 삶을 바꿨습니다. 돈만을 쫓으며 살던 사람들은 잠시 질주를 멈추고 삶의 중간평가를 해보거나 방향성을 수정할 수 있었습니다. 물론 무소유는 수중에 한 푼도 없는 빈털터리가 되라는 말은 아닙니다. 물질은 일상이 불편하지 않을 정도만 있으면 만족하고, 더 이상 과도하게 집착하지 말라는 의미입니다.

절대빈곤에서 벗어난 요즘은 삶의 질, 즉 행복을 추구하다가 도리어 불행해진 사례들이 속출합니다. 재물을 탐하는 것보다 그 부작용이 더 심각합니다. 도대체 행복이 뭘까요? 저마다 이게 행복이라고 주장하지만, 만인이 공감하는 행복 컨셉은 아직도 없습니다. 반면에 그 반대인 불행에 대해선 피부로 더 예민하게 느낍니다. 우리는 이제 행복과 불행 사이에서 아슬아슬하게 곡예를 하듯이 살아갑니다.

이 경계를 없앨 수는 없을까요? 경계선 이쪽저쪽 둘 중에서 하나를 지워버리면 나머지 한쪽 역시 저절로 사라질 것입니다. 행복을 놓으면 그 짝인 불행도 없어진다는 얘깁니다.

무행복 컨셉은 무소유보다 더 진일보한 것입니다. 행복하지 말고 불행해지라는 얘기가 아니라 적절한 수준의 행복에서 만족하라는 것입니다. 불행하지 않으면 그걸로 충분하다는 의미입니다. 요즘 핫한 철학자 쇼펜하우어의 가르침과 일맥상통합니다. 외부에서 무소유를 실천한 사람들은 미니멀 라이프를 통해 삶의 만족감이 도리어 높아졌다고 말합니다. 내면에서 무행복을 수용한 사람들은 어떻게 될까요?

JYP 대표 겸 가수인 박진영은 20대 시절 20억을 벌어 성공하는 게 꿈이었습니다. 요즘 시세로 치면 50억 정도 되는 금액입니다. 그 돈을 벌어 은행에 넣으면 이자를 받아 평생 돈 걱정 없이 잘 살 것 같았습니다.

그는 엔터테인먼트 회사 JYP를 차려 일찌감치 20억 목표를 달성했을 땐 너무나 기뻤다고 합니다. 하지만 얼마 지나지 않아 그 기쁨은 허무로 바뀌었습니다. 다시 다른 부자들의 코칭을 참조해 명예를 추구하고 그것도 얻었지만, 결과는 비슷했습니다. 결국 존경받는 삶을 인생의 목표로 세운 뒤에야 마침내 단순하고 평온하게 살게 됐다고 말했습니다.

결과만 좋으면 뭐든지 성공입니다. 하지만 과정까지 좋지 않으면 존경을 받기는 글렀습니다. JYP 박진영은 지금까지 대략 4천억을 벌었고, 명예는 업계 정상급입니다. 이제는 존경까지 받겠다고 합니다. 대단한 성장입니다.

하지만 남들의 존경을 받으면 그것으로 과연 내면의 허전함이 끝날까요? 추구하는 뭔가가 남아있는 한 사람은 계속 허기에 시달리게 마련입니다. 존경받는 삶을 기준으로 살되 그 결과에 집착하지 않는 무행복 컨셉을 수용했을 때, 비로소 내면의 부족감도 사라지지 않을까요?

인생 게임은 그냥 즐기는 것

행복을 포기하라고? 그럼 무슨 낙으로 살아야 합니까? 이런 반문이 당연히 나올 것입니다. 그에 대한 해답은 생사를 고루 체험했던 사람들이 이미 제시했습니다.

"오, 삶은 그냥 즐기면 되는 거였어. 이걸 몰랐다니~!"

중년의 나이에 임사체험을 했던 인도계 홍콩여성 아니타 무르자니는 피안에서 이렇게 한탄했습니다. 피안에 가보니 어두운 방에 등을 켠 것처럼 인생사의 모든 의문이 순식간에 다 풀렸습니다.

1. 나는 이미 내가 되고자 하는 그것이다.

2. 삶은 그냥 즐기면 되는 것이다.

하지만 이승에서 그녀의 삶은 이와는 정반대였습니다. 겁이 많았던 그녀는 모든 것들, 특히 암을 두려워하며 주눅이 잔뜩 든 채 살았습니다. 그 결과는 림프암에 걸려 죽음에 이른 것이었습니다.

"암은 밖으로 표현하지 못한 내 에너지가 내면을 쳐서 발병한 것이었다."

이걸 자각하고 다시 몸으로 돌아온 그녀는 모든 것이 변했습니다. "돌아가 두려움 없이 네 삶을 살아라.", 피안에서 선친이 해주신 그 말을 실천했습니다. 그렇게 마인드가 바뀐 그녀는 불과 3주만에 전신에 번졌던 암세포가 흔적 없이 사라져 의료진을 놀라게 했습니다.

'사람들에게 피안에서 알게 된 삶의 진실을 얘기해주자', 이것을 소명으로 잡은 그녀는 인터넷에 글을 쓰기 시작했습니다. 그걸 책으로 출간하겠다고 하자 주변에선 부정적인 반응들이 많았습니다. 하지만 결과는 정반대였습니다. 미국의 거대출판사 헤이하우스에서 인터넷에 올린 그녀의 글을 보고 먼저 출간을 제의했습니다. 책이 나오자, 방송출연과 강연

요청이 쇄도했습니다. 그녀는 단기간에 리더급 여성 10위권에 진입했습니다.

그녀를 보면 산전수전 J가 사업에 성공하고서도 왜 전혀 행복하지 않은지 대략 감이 잡힙니다. 그는 임사체험 이전의 그녀처럼 수단과 목적을 제대로 구분하지 못해서 그런 것 아닐까요? 정글 같은 사업판에서 성공하는 건 결코 쉬운 일이 아닙니다. 그런데도 성공은 이루면 허무하고 이루지 못하면 슬픈 것에 불과합니다. 그건 수단이기 때문입니다.

피안에서 돌아온 그녀의 가치관은 즐김으로 바뀌었습니다. 나로 살아가는 기쁨을 만끽하겠다는 것입니다. 그 방법은 내면의 감정들을 그대로 허용하고 표현하는 것입니다. 그녀는 이제 외부에서 출간과 강연을 하는 것도 즐기고, 혼자 조용히 바닷가를 산책하며 명상하는 것도 즐깁니다. 심지어 일이 꼬여 불쾌한 감정을 추스르는 것도 즐깁니다. 요컨대 그 어떤 과정도, 그 어떤 결과도 오로지 즐기기만 한다는 것입니다.

그녀에게 인생은 뭘까요? 자신에게 적당한 난이도를 갖춘 게임입니다. 낮은 레벨에서 출발해 높은 레벨로 올라가면서 희로애락 감정들을 다채롭게 체험하는 흥미진진한 게임입니다. 이제 그녀는 더 이상 두려워하지 않을까요? 당연히 그렇습니다. 그녀는 임사체험을 통해 죽음이란 없다는 것을 확연히 깨쳤습니다. 이승에서 죽은 순간 그녀는 마치 잠에서 깬 것처럼 의식이 더욱 또렷해졌다고 합니다

그녀는 또 오직 사랑만이 가득한 피안에선 희로애락의 상대적인 체험이 불가능하다는 것도 알려주었습니다. 사람들은 행복하지 않다고 좌절하고 불행하다고 한탄하지만, 바로 그것이 이승에서만 체험이 가능한 대단한 기회라는 것입니다. 상대성 세상을 살아가면서 행복만을 탐하는 건 어이없는 난센스입니다. 스스로 잘못된 전제를 세우고 자신을 묶어버리는 이상한 속박입니다. 그걸 버렸을 때 우리는 비로소 자유로워지며 삶이 주는 갖가지 기회를 더 즐겁게 누릴 수 있습니다.

우리가 아주 특별한 이유

인생이 게임이라는데 왜 우리는 사는 게 별로 재미가 없을까요? 왜 극적인 체험이나 대각(도를 닦아 크게 깨달음)을 한 극소수의 사람들만 삶을 게임처럼 즐기는 것일까요? 그건 우리가 자신의 정체를 아주 오판했기 때문입니다.

"지금껏 내가 맡은 역할들 속에서 내 삶은 너무나 평범했어요. 다른 이들과 똑같은 삶을 살아온 것 같았어요. 도대체 내 삶이 다른 이들의 삶과 뭐가 다를까, 싶었어요.

하지만 병을 앓게 되면서 놀라운 사실을 깨달았어요. 난 아주 특별한 사람인 거예요. 누구도 나와 같은 방식으로 세상을 보거나 삶을 경험하지 못했을 거예요. 앞으로도 그럴 것이고. 이 세상이 시작된 이후부터 끝나는 날까지, 나와 똑같은 사람은 영원히 존재하지 않을 거예요."

호스피스 전문의였던 엘리자베스 퀴블러 로스가 그녀의 마지막 역작 '인생 수업'에서 소개했던, 어느 죽어가는 여성의 인터뷰입니다. 그녀는 병마로 죽어가면서 자기 삶에 대해 코페르니쿠스적인 전환을 했습니다.

"내 삶은 아주 특별했다!" 이 자각 하나로 그녀의 삶은 순식간에 만족스러운 여정으로 바뀌었습니다. 그 누구도 흉내 낼 수 없는 아주 특별한 삶을 살았다면 후회하거나 자책할 이유가 없는 것입니다.

그런데도 인생 실전에선 예나 지금이나 그 반대가 주류입니다. 남들의 인정을 받으면 기뻐하고, 그 반대이면 시무룩해집니다. 설사 남들이 잘 살았다고 인정을 해줘도 자신은 여전히 만족스럽지 않다며 자책하기 십상입니다.

"난 아주 특별한 존재예요!"

임종을 앞둔 그녀는 이렇게 말했습니다.

"그건 너 생각이고."

살아가는 사람들은 십중팔구 이렇게 반응합니다. 자신은 별로 특별하지 않다고 생각하기 때문입니다. 그런 사람들이 속으로는 은근히 행복을 기대하기에 걸핏하면 사는 게 이 모양 이 꼴이라며 불만 속에 매몰됩니다.

그녀와 우리의 차이는 종이 한 장 차이입니다. 하지만 그 미세한 차이 때문에 삶에 대한 만족도는 서로 180도 달라졌습니다. 내가 옳다는 고집을 내려놓고 그녀의 말을 납득하기만 하면 우리 역시 그녀처럼 아주 특별한 존재로 승격됩니다.

이른바 행복론은 천동설이다

물리학의 영역에선 태양이 지구를 돈다는 천동설이 몇 세기 전에 이미 폐기됐습니다. 이제는 지구가 태양을 돈다는 지동설이 상식이 되었습니다. 지구의 형태도 평평한 게 아니라 타원형 구처럼 생겼다는 것을 다들 압니다.

하지만 내면의 영역에서는 여전히 천동설이 주류를 차지하고 있습니다. 이른바 행복론이 전형적인 천동설입니다. 다들 묻지도 따지지도 않고 인생의 목적은 행복이라고 믿고 있습니다. 그런데 정말 행복하게 살았던 사람은 과연 몇이나 될까요?

영웅 나폴레옹은 살면서 정말 행복했던 날은 일주일이 채 되지 않는다고 했습니다. 대문호 괴테는 행복했던 시간이 15분에 불과했다고 술회했습니다. 심지어 철학자 러셀은 낭만파 시인 바이런의 성향을 빗대어 바이런식 불행이란 워딩까지 만들었습니다. 별로 불행할 게 없는데도 자신은 불행하다고 생각한다는 의미입니다.

변방의 코르시카섬에서 태어나 일약 프랑스 황제로 등극했던 나폴레옹이 행복하지 않다면 출세로 행복하기란 글렀습니다. 수명이 짧았던 19세기에 이미 82세 장수를 누리고 대문호로 추앙받았던 괴테가 불행했다면 무병장수나 드높은 명성도 역시 행복의 조건이 아닙니다.

그렇다면 고만고만한 재능을 갖고 도토리 키재기 성취나 했던 우리는 과연 뭔가요? 행복을 논하는 것 자체가 주제넘은 만용일 것입니다. 그런데도 다들 인생의 목적이 행복이라고 생각한다면, 행복해야 한다고 자신을 들들 볶는다면 이게 과연 맞는 걸까요? 70억이 넘는 지구상의 인구 가운데 지속적으로 행복했던 사람은 단 1명이 없는데도 행복이 정말 인생의 목적일까요?

이런 점만 관찰해도 이른바 행복론은 내면의 천동설에 불과합니다. 그렇지만 그걸 부정하면 종교재판에 회부되고 중형을 선고받는 게 두려워 애써 행복론을 지지하는 척할 뿐입니다. 너나없이 다들 벌거숭이 임금님과 다를 바 없습니다.

내면의 지동설은 뭘까요? 행복이라는 태양이 나라는 지구를 빙빙 돈다는 천동설이 틀렸다면 지동설의 실체는 뭘까요? 나라는 지구가 행복이라는 태양을 돌면서 밤낮이 생겨난다는 것입니다.

"내 삶은 때론 불행했고 때론 행복했습니다. 삶이 한낱 꿈에 불과하다지만, 그럼에도 살아서 좋았습니다. 새벽에 쨍한 차가운 공기, 꽃이 피기 전 부는 달콤한 바람, 해 질 무렵 우러나는 노을의 냄새, 어느 하루 눈부시지 않은 날이 없었습니다."

드라마 '눈이 부시게' 엔딩샷에서 주연배우 김혜자가 했던 이 대사가 내면 지동설을 설명한 것 같습니다. 행복과 불행은 그저 밤낮처럼 오고 가지만, 그것들의 본체인 삶은 눈이 부시게 찬란하다는 것입니다. 지동설을 인정하면 우리는 비로소 행불행의 미망에서 벗어날 수 있을 것입니다.

유리잔 마음을 페트병 마음으로

　살아보니 마음 편하게 사는 게 최고였습니다. 하지만 마음은 어떤 조건이 갖춰져야 편해지는 게 아니었습니다. 도리어 마음이 편해야 현실적 조건들도 더 수월하게 이뤄졌습니다.

　마음이 편해지려면 무엇보다 그 재질을 바꾸어야 합니다. 유리잔 마음을 페트병 마음으로 대체해야 합니다. 유리잔은 아름답긴 하지만 바닥에 떨어지면 금방 쨍그랑 소음을 내며 산산조각이 나버립니다. 반면에 페트병은 돌 위에 던져도 통통 튀기만 하지 부서지지 않습니다.

　마음을 바꾸는 게 말처럼 쉬울까요? 그야말로 마음먹기

나름입니다. 어렵다고 생각하면 한없이 어렵고, 쉽다고 생각하면 손바닥 뒤집기입니다. 행복을 탐하는 마음은 유리잔입니다. 반면에 행복을 놓아버린 마음은 페트병입니다. 이건 자신의 지난날들만 반추해도 스스로 인지됩니다. 세상의 저명인사들이나 역사상의 인물들을 관찰하면 더더욱 분명하게 느껴집니다.

"모진 세월 가고 아아, 편안하다. 늙어서 이렇게 편안한 것을. 버리고 갈 것만 남아서 참 홀가분하다."

소설가 박경리 님의 말년 회고는 이랬습니다. 남들이 질색하는 늙음을 편안하고 홀가분하다고 찬양했습니다.

"다시 젊어지고 싶지 않다. 하고 싶지 않은 것을 안 하고 싶다고 말할 수 있는 자유가 얼마나 좋은데 젊음과 바꾸겠는가."

소설가 박완서 님도 비슷한 맥락입니다. 남들이 부러워하는 젊음에 별로 미련이 없습니다. 사람들은 젊음을 행복, 늙음을 불행으로 간주하지만, 이들은 행불행의 의미를 180도 뒤집었습니다. 남들이 불행의 조건으로 꺼리는 것들을 도리어 편안함과 홀가분함, 자유로 해석했습니다. 이런 것이 다름 아닌 페트병 마음입니다.

우리가 10년만 더 일찍 이런 마음이 됐더라면 얼마나 좋았을까요? 그립고 아쉬움에 가슴 조이던 머언 먼 젊음의 뒤안길이 아니라 자유롭고 싱싱한 청춘 혹은 편안하고 홀가분한 중장년이 되었을 것을.

개인적으론 마음공부에 입문해 머리로는 일찌감치 저걸 알았습니다. 하지만 실전에선 대부분 그 반대로 살았습니다. 이유는 좀 어이가 없습니다. 여여如如함의 경지에 사로잡혀 헛발질만 계속했기 때문이었습니다. 언제나 평온한 여여함은 곧 지극한 행복이기에 행복을 좇다가 불행만을 자초한 형국이었습니다.

나중에 알고보니 여여함은 모든 인간이 천부적으로 타고난 것이었습니다. 일상에서 일어나는 오욕칠정의 끊임없는 표출이 전부 여여함이었습니다. 그 경지에 이르겠다고 죽어라 노력할 게 전혀 아니었습니다. 그냥 마음에서 수용만 하면 금방 끝나는 것이었습니다.

테스형, 세상이 왜 이래?

"이러다 나라가 망하겠다."

"테스형, 세상이 왜 이래?"

요즘은 곳곳에서 이런 우국지사들이 넘쳐납니다. 좌파, 우파는 물론 중도들까지 세상 걱정을 많이 합니다. 갈수록 심해지는 양극화, 끝없이 추락하는 출산율, 상상을 초월하는 묻지마 범죄 등을 보면 저런 걱정들도 일리는 있습니다.

그렇다면 세상은 왜 이렇게 됐을까요? 무엇보다 내 마음이 뒤틀렸기 때문입니다. 그런 마음들의 교집합이 형체로 드러난 게 세상의 모습입니다.

"보이는 모든 것은 내 마음의 반영이다."

마음공부에선 이렇게 진단합니다. 문제투성이로 보이는 남들이 사실은 나의 반영이라는 것입니다. 남들이 문제투성이로 보이면 내가 문제투성이라는 얘깁니다. 이러다 나라가 망할 것 같으면 내가 망하는 길에 접어들었다는 반증입니다.

내가 잘 살려면 어떻게 해야 할까요? 우선은 행복 집착을 새옹지마로 바꾸는 게 필요합니다. 행복과 불행만을 따지며 희비가 엇갈리는 건 단편적인 시각입니다. 그보다는 새옹지마가 더 맞습니다. 행복처럼 보이는 게 불행의 씨앗이고, 불행처럼 보이는 게 행복의 시작입니다.

"어떻게 이런 걸작을 만들 수 있었나요?"

신의 작품처럼 느껴지는 다비드상에 감탄한 사람들은 조각가 미켈란젤로에게 이렇게 물었습니다.

"다비드상은 이미 대리석 속에 들어있었습니다. 나는 단지 그 조각상을 둘러싸고 있는 군더더기를 깎아냈을 뿐입니다."

인생병법의 요체는 바로 이것 아닐까요? 누구나 행복한 삶을 원하지만 그건 밖이 아니라 내 속에 이미 들어있는 것입니다. 나는 그걸 둘러싼 군더더기들만 깎아주면 작업은 깔끔하게 마무리됩니다.

그렇다면 그 군더더기 중에서 가장 고약한 건 뭘까요? 역설적이지만 행복론이 그것입니다. 행복은 이미 내 안에 갖춰져 있건만, 그게 밖에 있다고 우기며 나를 몰아붙여 소중한 삶을 도리어 망치는 게 행복론이기 때문입니다.

"난 행복할 거야.", 이렇게 집착하면 할수록 그만큼 더 불행만을 끌어들일 뿐입니다. 행복을 추구한다? 그건 지금 내게 행복이 없다는 걸 온몸으로 증언하는 것입니다. 그렇기에 그에 걸맞게 행복하지 않은 일들만 계속 일어날 수밖에 없습니다.

김동인의 소설 '무지개'에 등장하는 소년은 우리들 자신의 모습입니다. 무지개를 잡을 수 있다! 그런 욕망에 사로잡힌 순간, 비극적인 결말은 이미 예고됐습니다.

"엄마도 50년간 무지개를 좇았지만 그건 잡을 수 없었어."

소년이 엄마의 이 말을 진작에 들었더라면 많은 것이 달라졌을 겁니다. 하지만 고집 센 소년은 한사코 무지개를 잡으려고 계속 나아가기만 했습니다. 산을 넘고, 물을 건너고, 온갖 노력을 다했지만, 그 결과는 지쳐 쓰러져 하룻밤 사이에 폭삭 늙어버린 것이었습니다.

일상의 목적은 이것

태어나서 살다가 돌아간다, 태초 이래로 사람들은 이 여정을 계속 이어갑니다. 어디서 왔다가 어디로 가는지도 잘 모릅니다. 왜 태어나 무엇을 위해 사는지도 역시 잘 모릅니다. 그럼에도 불구하고 다들 나름대로 열심히 살아갑니다.

사노라면 기쁜 일도 있고 슬픈 일도 있습니다. 억세게 재수 좋은 날도 있고, 억울하게 누명 쓰고 당하는 날도 있습니다. 그런데도 이걸 단지 행복 혹은 불행으로만 가늠하는 것은 편파를 넘어 왜곡에 가깝습니다.

우리는 왜 살아야 할까요? 이 만만치 않은 삶을 통해 얻는 건 또 뭘까요? 철학에선 이 문제를 풀기 위해 긴 세월 고심했지만, 여전히 갑론을박만 계속하고 있습니다. 반면에 마음공부에서는 그 답을 심플하게 제시했습니다. 사람이 살아가는 이유는 경험을 통해 성장하기 위해서라는 것입니다. 물론 여기서 말하는 성장은 영혼의 성장을 의미합니다.

사람의 본체인 영혼이 성장하기 위해선 반드시 체험이 필요합니다. 그 무대가 일상입니다. 일상에서 희로애락 사연을 충분히 겪으면 사람의 영혼은 쑥쑥 자라게 됩니다. 그리고 궁극적으론 단 한 사람의 예외도 없이 모두 신성에 이르게 된다고 합니다.

"사는 게 피곤하다."

"사는 게 두렵고 막막하다."

일상의 의미를 상실한 사람들은 이렇게 한탄합니다. 남들처럼 행복하게 살고 싶었건만 좀처럼 뜻대로 되지 않는 현실의 벽에 부딪히면 누구라도 저렇게 됩니다. 그렇다면 이런 좌절의 원인은 뭘까요? 부지불식간에 삶의 목적을 행복으로 설정한 게 문제였습니다. 성장의 긴 여정에서 보면 일부분에 불과한 행복을 삶의 목적인 것처럼 착각한 게 패착이었습니다.

인생 100킬로 행군의 표면적인 목적은 완주, 실질적인 목적은 성장입니다. 100킬로 행군을 완주하고 나면 그 사람의 역량은 비약적으로 성장하게 됩니다. 이걸 간파한 사람들은 행복 대신 소명을 삶의 가치로 대체합니다.

"그러자 거짓말처럼 인생이 달라졌다. 책을 쓰기 위해 내 자신과 허심탄회하게 마주 앉아 대화하는 시간이 인생에서 가장 많아졌다. 키보드를 두드려 가며 한 자 한 자, 내 꿈을 입력하는 동안 창작의 고통 안으로 형언할 수 없는 감동과 즐거움이 몰려들었다."

'혼자 사는 즐거움'의 저자 사라 밴 브래스낙의 고백입니다. 기자로서 직업적으로 글을 쓸 때는 글쓰기가 지겨웠지만, 가슴에서 우러나는 글쓰기를 소명으로 삼자, 인생이 거짓말처럼 달라졌다는 것입니다.

그녀와는 다르지만, 사업보국을 소명으로 세운 남자도 있습니다. 인류의 의식상승처럼 범세계적인 변화를 소명으로 받아들인 사람도 있습니다. 어쨌든 이렇게 소명을 찾은 사람들은 행복의 호구들보다는 자신의 삶을 훨씬 더 활기차게, 때로는 감동까지 느끼며 살아가게 됩니다.

공수래공수거 vs 공수래만수거

"아버지. 이제 아무 걱정 마시고 편히 쉬세요."

산전수전 J는 노환으로 입원했던 선친이 타계하자 정성을 다해 마음으로 이렇게 기도했습니다. 피하고 싶지만, 그 누구도 피할 수 없는 사별의 시간이 오면 저마다의 진면목이 드러나게 마련입니다.

선친의 임종을 앞두고 산전수전 J의 꿈에 돌아가신 조모가 나타나 이제 너희 아버지를 데려가겠다고 일러주었습니다. 사업으로 바쁜 와중에도 수시로 서울에서 지방까지 병문안을 오갔던 손자에게 애 많이 썼다고 토닥토닥 달래주는 것 같았습니다. 그렇게 오가던 어느 날, 버스 스피커에서 '이등병의 노래'가 흘러나오자, 그는 곧 닥쳐올 사별을 예감하고 하염없이 울었습니다.

공수래공수거, 빈손으로 왔다가 빈손으로 간다는 게 사실일까요? 반은 맞지만 반은 틀렸습니다. 몸만을 보면 공수래공수거가 맞지만, 영혼의 입장에선 공수래만수거가 정답입니다. 빈손으로 왔다가 가득 찬 손으로 떠나는 게 인생입니다.

내 손에 가득 찬 건 뭘까요? 수많은 경험들입니다. 태어나서 돌아갈 때까지 우리가 직접 겪었던 경험들을 하나, 하나 상세 기록으로 남기면 도서관 하나를 채울 정도로 방대할 것입니다. 그게 우리들의 영혼에 고스란히 저장되어 있다고 합니다. 우리가 몸과 에고를 가졌기에 누리는 아주 특별한 혜택입니다.

사람들은 자신의 삶을 때론 불행했고 때론 행복했다고 간략하게 구분합니다. 하지만 경험의 바다에선 행복과 불행 혹은 성공과 실패는 작은 포말들에 불과합니다. 희로애락애오욕, 감정의 7개 음계가 만들어 낸 사연들은 훨씬 더 다채롭고 다양합니다.

누구나 인생에서 마지막으로 체험하는 사건은 죽음입니

다. 죽음이란 워딩의 어감이 칙칙하기에 개인적으론 엔딩 혹은 인생졸업이라고 말합니다. 드물기는 하지만 그 졸업이 아주 깔끔했던 분도 있었습니다.

문교부장관을 역임했던 故 민관식 님은 88세 어느 날, 오전에 테니스를 치고, 집으로 돌아와 샤워하고, 부인에게 부탁해 와인 한잔을 기분 좋게 마시고, 소파에 누워 잠들었다가 자는 잠에 떠났습니다. 부인은 저녁 식사를 하라고 깨우다가 비로소 남편이 영면한 걸 알았다고 합니다.

많은 사람들이 그의 고종명을 부러워했습니다. 돈과 권력, 명예를 아무리 많이 가졌더라도 병마에 쓰러져 반신불수가 된다면 행복과는 거리가 멀어집니다. 100세 시대라는 요즘은 기억을 잃어버리는 치매가 개인을 넘어 국가적인 난제로 등장했습니다. 그런데도 의료계는 그 치유법은 고사하고 원인조차 제대로 규명하지 못하고 있습니다. 도대체 왜 치매가 올까요? 개인적으론 행복 집착이 중요한 원인이라고 생각합니다.

두 아들이 각각 신발장사와 우산장사를 하는 노모의 이야기가 울림이 있습니다. 노모는 비가 오면 신발장사 아들이 장사가 안될지 걱정하고, 날이 개면 우산장사 아들의 장사를 걱정했습니다. 자식들의 행복을 염원하는 간절한 모정이었지만,

자나 깨나 평생을 그렇게 걱정만 했다면 이제 그만 잊으라고 치매가 오는 것 아닐까요?

이런 시대에 필요한 건 조삼모사의 지혜 같습니다. 저공이 기르던 원숭이들은 먹이인 도토리를 아침에 3개, 저녁에 4개 주겠다고 하자, 적다며 화를 냈습니다. 그럼, 아침에 4개 저녁에 3개 주겠다고 하자 좋다며 기뻐했습니다.

세상에선 이걸 상대를 기만하는 잔머리로 나쁘게 보지만 뒤집어 보면 위대한 지혜입니다. 도토리 총량은 7개로 똑같지만, 그 분배방식에 따라 반응이 아주 달라졌기 때문입니다.

아니타 무르자니는 행복을 추구했던 시절엔 두려움에 짓눌리며 살다가 림프암에 걸려 죽게 되었습니다. 하지만 임사체험을 통해 삶을 즐기기로 생각을 바꾸자 불과 3주 만에 암세포가 다 사라졌고, 저술과 강연으로 리더급 인사로 떠올랐습니다. 행복이나 즐김이나 그 본질은 별반 다르지 않습니다. 그런데도 그녀는 행복에선 좌절했지만 즐김에는 납득을 했습니다. 바로 그 납득 하나가 그녀의 삶을 하늘과 땅만큼이나 차이나게 만들었습니다.

두 아들의 노모도 이웃들의 조언을 듣고 납득을 하자 일상이 하하호호로 바뀌었습니다. 비가 오면 우산장사 아들에게 좋으니 하하, 날이 개면 신발장사 아들에게 좋으니 호호.
상황은 이전과 똑같지만, 관점을 바꾸니 모든 것이 변했습니
다. 누구라도 이렇게 살아가면 일상이 즐거운 것은 물론 마지
막에는 빛나는 졸업장이 포상처럼 주어질 것입니다.

맞는 말보다 따뜻한 말을

세상은 놀라운 속도로 발전했지만, 사람의 한평생은 여전히 만만치 않습니다. 이런 세상에 산전수전 J가 던진 메시지는 상당한 울림이 있습니다. 그건 산전수전 J가 자신에게 해준 말이기도 하고, 세상 사람들에게 전하고 싶은 말이기도 했습니다.

"행복을 포기하라."

문자로만 보면 이 워딩은 시니컬하게 비칠 수도 있습니다. 하지만 그의 음성을 통해 직접 들으면 뉘앙스가 180도 달라집니다. 애틋한 격려 혹은 진심 어린 조언으로 느껴집니다. 가짜 행복에 현혹되지 말고 진짜 만족을 누리라는 응원처럼 다가

옵니다.

우리는 왜 산전수전 J의 말에 끌려들까요? 이유는 간단합
니다. 그가 따뜻하게 말했기 때문입니다. 그는 자기 말이 맞다
고 우기지 않았습니다. 자기 말에 동조하라고 강요하지도 않
았습니다. 그냥 따뜻하게 말했을 뿐입니다.

산전수전 J의 메시지에 마음으로 공감했기에 이 글을 쓰게
됐습니다. 하지만 과연 J처럼 따뜻하게 말했을까?, 그 점에 대
해선 왠지 자신이 없어집니다. 따뜻하지 않게 들린 부분이 있
다면, 일장훈시나 지적질처럼 느껴진 부분이 있다면, 그건 전
적으로 저자의 내공부족 때문입니다.

그럼에도 불구하고 산전수전 J의 진심은 가급적 최대치에
가깝게 사람들에게 전해지기를 소망합니다. 자신의 반평생을
통해 비싼 수업료를 치르고 체득한 그의 철학은 그만한 가치
가 있기 때문입니다.

모두가 행복을 갈망하면서도 도리어 불행으로 빠져드는
건 슬픈 아이러니입니다. 차라리 행복을 포기하는 것이 결과
적으로 불행을 막아준다면 그 역설은 소중한 내비게이션이
아닐 수 없습니다. 우리가 내면에 이런 도구만 잘 장착하면 미

로처럼 복잡한 인생길에서 헷갈리지 않고 여유롭게 목적지에 이를 수 있을 것입니다.

누구에게나 만만치 않은 게 인생 100킬로 행군입니다. 그 장도에 오른 모든 이들에게 건승을 기원합니다. 스스로의 건승도 기원합니다.

부록

행복론 어록 변천사

---

1. 고대 행복론 어록

2. 중세 행복론 어록

3. 근대 행복론 어록

4. 20세기 행복론 어록

5. 21세기 행복론 어록

원석이 때로는 보석보다 더 가치가 있습니다. 스스로의 힘으로 자신의 보석을 만들고 싶은 사람들에겐 레디메이드 보석보다 원석들이 더 요긴할 것입니다.

이른바 행복론은 고대 철학자 아리스토텔레스가 삶의 목적을 행복이라고 규정한 이후에 그 굴레를 좀처럼 벗어나지 못했습니다. 어려서부터 사슬에 묶여 길들여진 코끼리가 나중에 그걸 풀어주어도 사슬의 사정거리를 벗어나지 못하는 것과 비슷합니다.

그럼에도 불구하고 행복론은 시대와 사람에 따라 조금씩이나마 변했습니다. 고대에서 씨앗을 싹 틔우고, 중세 암흑기를 견디며, 근대에는 다채롭게 꽃피웠고, 20세기에 들어선 그 시야를 내면으로까지 넓혔습니다.

21세기의 변화는 더욱 파격적입니다. AI의 급속한 발전으로 2029년이면 AI가 인간처럼 생각하고 느끼며, 2045년엔 특이점을 찍으면서 포스트 휴먼, 즉 초인류가 등장한다는 예측도 나오고 있습니다. 사람과 기계 사이의 경계가 무너지는 이런 시대에는 행복론에서도 색다른 지평이 열리는 것일까요? 어쩌면 그것은 8할 이상이 각자의 몫일지도 모릅니다. 남들이 넘겨준 원석들에서 불순물을 잘 제거하면 자신만의 반짝이는 보석이 만들어질 것입니다.

1. 고대 행복론 어록

플라톤

"공정하고 진실한 철학자가 국가의 통치권을 장악하거나,
아니면 국가의 권력자가 신적 계시를 받아서 참된 철학자가
되기 이전에는 결코 인류의 불행이 끊이지 않을 것이다."

아리스토텔레스

"행복이란 삶의 의미이자 목적이요, 인간 존재의 총체적

목표이자 끝이다. 행복은 그것만으로 삶을 선택할 만한 것이다. 또 아무것도 부족함이 없도록 만드는 자족적인 목적이다. 행복한 삶이란 아무런 방해를 받지 않고 유능함을 펼칠 수 있는 삶이다."

에피쿠로스

"쾌락이 행복한 삶의 출발점이자 도착점이라고 우리는 말한다. 쾌락은 원초적이고 타고날 때부터 좋은 것이라고 인정하기 때문이다. 우리는 선택하거나 회피하는 모든 행위를 쾌락으로 시작한다. 또 우리의 쾌락 경험을 모든 좋은 것들의 기준으로 사용하면서 다시 쾌락으로 되돌아간다."

키프러스의 제논

"세상의 모든 것은 자연이라 불리는 시스템의 부분들일 뿐이다. 개인의 삶도 자연과 조화를 유지할 때 행복할 수 있다. 탐욕스러운 인간은 욕심으로 가득 차 빗물을 다 삼켜버리는 사막의 척박한 모래땅과 같다. 그래서 다른 사람들에게 이익이 될 수 있는 아무런 과일도 제공하지 못한다. 과욕은 패망의 지름길이다."

에픽테투스

"당신은 조물주가 선택한 드라마의 배우이다. 짧으면 단편에 나오고, 길면 장편에 나온다. 당신이 가난뱅이 역할을 하는 것이 즐거우면 그 역할을 잘 해내도록 하라. 불구자나 지배자, 혹은 일반 시민의 역할도 마찬가지다. 주어진 역할을 잘 해내는 것이 당신의 임무이다.

누구에게나 할 수 있는 일과 할 수 없는 일이 있다. 할 수 있는 일은 자기 마음을 바꾸는 일이다. 할 수 없는 일은 남의 마음을 바꾸는 일이다. 할 수 있는 일을 하는 사람은 지혜로운 사람이요, 할 수 없는 일을 하려는 사람은 어리석은 사람이다. 아파테이아, 즉 감정이 완전히 억압된 부동심으로 자연에 순응하며 사는 것이 행복이다."

세네카

"인생의 참된 행복은 흔들림이 없고, 신과 사람에 대한 우리의 의무를 이해하며, 불안한 미래에 의존하지 않고 현재를 즐기는 것이다. 희망이나 두려움으로 자신을 즐겁거나 고통스럽게 하는 것이 아니라 우리가 가진 것에 만족하는 것이다. 이렇게 하는 사람은 마음이 풍족해져 아무것도 원하지 않는다. 인간의 위대한 행복은 우리 안에 있고 우리의 손이 닿을 수 있는 곳에 있지만, 우리는 눈을 감고 어둠 속에 있는 사람들처럼 우리가 찾는 바로 그것을 찾지 못하고 넘어진다."

마르쿠스 아우렐리우스

"행복한 삶을 만들려고 애쓸 필요는 없다. 모두 당신 안에 있다. 행복은 당신이 어떻게 생각하느냐에 달려있다. 다른 사람의 마음은 잘 몰라도 그다지 불행하지 않다. 사람이 두려워해야 할 것은 죽음이 아니라 살기 싫다는 마음이다."

공자

"배우고 때때로 익히면 즐겁지 아니한가? 벗이 있어 멀리서 찾아오면 기쁘지 아니한가? 남들이 알아주지 않아도 화내지 않으니 또한 군자가 아니겠는가?"

學而時習之 不亦說乎 有朋自遠方來 不亦樂乎 人不知不慍 不亦君子乎

노자

"세상 사람들 모두가 아름다움을 아름다움으로 알지만, 이는 아름다움이 아니다. 세상 사람들 모두가 선을 선으로 알지만, 이는 선이 아니다. 있다 하기에 없다는 것이 있게 되고, 어려움에 마음의 무게를 두기에 쉬움이라는 것에도 집착하게 된다. 길고 짧음도 결국은 마음의 산물이다. 높고 낮음, 앞과 뒤라는 것도 실체로서 존재하는 것이 아니라 비교하고 분별하는 우리의 마음이 지어낸 허상일 뿐이다.

그렇기에 성인은 언제나 분별하고 간택함이 없는 무위無爲로 일을 처리하고 말 없는 가르침을 행한다. 만물을 만들되 어느 것도 소유하지 않으며, 하되 했다는 의식이 없으며, 공을 이루되 거기에 머물지 않는다. 오직 머물지 않기에 영원히 사라지지 않는다."

한비자

"사람이 복이 있으면 부귀가 찾아오고, 부유하고 고귀한 사람이 되면 먹고 입은 것이 호사스러워지고, 먹고 입은 것이 호화로우면 교만한 마음이 생기고, 교만심이 생기면 일이 바르지 못하고 치우치며, 살아가는 데 이치를 버린다. 마음의 움직임이 삿대고 치우치면 육신이 요절하고, 이치를 저버린 생활을 하면 성공할 수 없다. 안으로 일찍 죽을 환란을 겪고, 밖으로 공을 이루는 명성이 없는 것을 큰 재앙이라고 한다. 재앙은 본래 복이 있는 곳에서 생겨난다. 행복은 재앙이 엎드려 있는 곳이다."

양주楊株

"내 터럭 하나를 뽑아 천하에 이익이 되더라도 나는 하지 않겠다. 옛날 사람들은 자신의 터럭 하나를 뽑아 천하를 이롭게 한다 해도 그것을 주지 않았고, 천하를 모두 한 사람에게 주어도 그것을 받지 않았다. 사람마다 터럭 하나도 손해 보지 않고, 사람마다 천하를 이롭게 하지 않았어도 천하는 다스려졌다."

2. 중세 행복론 어록

아우구스티누스

"참된 행복은 자신밖에 있는 것이 아니다. 육신의 눈으로 햇빛에 의해 볼 수 있는 어떤 것도 아니다. 외부에서 행복을 찾으려는 사람들은 빨리 허전해진다. 보이는 것들과 무상한 것들에 의해 자신들을 소모하게 된다. 그들의 마음은 정신적으로 정말 굶주려 있으므로 자신의 그림자까지 핥아먹으려 한다. 영광은 과거 우리들의 습관 때문에 헛된 의지를 버리지 못해 발생한 것이다. 이를 끊임없이 추구하면 괴로운 번민으로 우리의 자아는 분열되고 말 것이다.

지금의 우리는 영광에 사로잡힌 어둠이다. 그러나 신실한 소망에서 오는 기쁨을 행복으로 받아들이게 되면 우리는 자신 안에서 빛을 받는다. 또 그 빛을 남들에게도 나누어주게 될 것이다. 자신 안에 있는 영원한 빛을 발견하게 된다면 이보다 더 큰 행복이 어디 있겠는가?"

토마스 아퀴나스

"어떤 사람들이 행복에 대해 내린 정의, 즉 '행복한 사람은 그가 원하는 바를 다 갖는 사람이다' 혹은 '바라는 바가 그에게 이루어지는 사람이다'라는 정의는 어떤 의미에선 좋고 충분한 정의이다. 그러나 다른 의미로 이해하면 불완전한 정의이다.

사람들이 만약 원하는 모든 것들을 무조건 자연적인 욕구로 이해한다면, 그가 원하는 모든 것을 갖는 사람이 행복하다는 것은 참이다. 그런데 만약 인간이 이성의 인식으로 원하는 것에 대해서만 그렇다고 이해한다면, 그 원하는 바를 갖는다는 것은 행복이 아니라 도리어 비참에 속한다. 왜냐하면 이렇게 갖게 된 것들이 그에게 지장을 주어 그가 본성적으로 원하는 것을 갖지 못하게 하기 때문이다."

단테

___

"우리가 행복했던 시절을 비참한 환경 속에서 생각해 내는
것만큼 큰 슬픔이 또 있을까?"

3. 근대 행복론 어록

프란시스 베이컨

"육체의 욕망, 교만, 욕심은 인간이 가지고 있는 3가지 악덕이다. 이것 때문에 갖가지 불행이 인류의 어깨를 짓누른다. 이 무서운 병을 고치는 방법은 곧 절제와 극기이다."

데이비드 흄

"사람이 하는 모든 노력의 궁극적 목적은 행복의 달성이다. 행복을 위해 기술을 개발하고, 학문을 육성하고, 법을 만들고, 사회를 형성한다."

존 스튜어트 밀

"행복을 수중에 넣은 유일한 방법은 행복 그 차제를 인생의 목적으로 생각하지 말고 행복 이외의 다른 목적을 인생의 목적으로 삼는 것이다.

토마스 홉스

"지상의 삶에서의 행복은 만족한 마음의 평온함에 있는 게 아니다. 왜냐하면 그 옛날 철학자들의 책에서 말하고 있는 궁극의 목적이나 최고선 같은 것은 없기 때문이다. 또 욕망이 있는 목표에 도달한 사람은 감각과 상상력이 정지해 버린 사람과 마찬가지고 살 수가 없기 때문이다.

행복이라는 것은 한 대상으로부터 다른 대상으로 계속 진행하는 것이며, 전자의 획득은 후자로 가는 과정에 불과한 것이다. 이 원인은 인간 욕망의 목적이 단 한 번만의, 또는 단 한 순간의 향유에 있는 것이 아니고, 장래의 욕망이 더듬어 갈 길을 영원히 확보하는 데 있기 때문이다."

장 자크 루소

"행복이란 불변하는 상태이므로 이 세상 사람을 위해서 만들어진 것은 아닌 듯하다. 지상에 있는 모든 것은 끊임없는 흐름 속에 있으므로 그 무엇도 불변의 형태를 취할 수 없다. 우리 주위의 모든 것은 변화한다. 우리 자신도 변한다. 그리고 그 누구도 오늘 사랑하고 있는 것을 내일도 사랑할 수 있으리 라는 확신을 갖지 못한다. 그러므로 이 세상에서 행복을 구하 려는 우리의 계획은 모두 덧없는 환상에 지나지 않는다. 정신 적 만족을 얻을 수 있다면 그것을 마음껏 누리자. 우리의 잘 못으로 그것을 놓쳐 버리지 않도록 주의하자. 그렇지만 그것 을 사슬로 묶어버리는 그런 계획은 세우지 말도록 하자. 계획 은 참 미친 짓이니까."

존 로크

"욕망을 움직이는 이것이 무어냐고 묻는다면 내 대답은 오로지 행복, 오직 그것 하나이다. 행복과 불행은 양극단의 이름이며, 그 궁극적 한계가 어디인지는 알 수 없다. 그러나 우리는 한편으로는 기쁨과 환희, 그리고 다른 한편으로는 고통과 슬픔의 여러 예를 통해 어느 정도는 양극단에 대해 아주 생생한 인상을 갖고 있다.

행복은 그 충분한 범위에서 우리가 할 수 있는 최대한의 쾌락이고, 불행은 최대한의 고통이다. 그리고 행복이라 부를 수 있는 가장 낮은 정도는 고통으로부터의 그만큼의 완화이고, 그것 없이는 누구도 만족할 수 없는 그만큼의 현존하는 쾌락이다. 건강한 신체에 건강한 정신이 깃든다는 말은 이 세상에서 행복한 상태를 간결하게, 그러나 충분히 묘사한다."

제레미 벤담

"인간은 하느님과 신앙에 예속되어 있는 것이 아니다. 자연을 바라보면 쾌락과 고통이라는 두 개의 주권자밖에 없다. 그래서 인간이라는 것은 쾌락과 고통이라는 두 개의 주권자의 지배하에 있는 존재이다. 우리가 이룰 것을 결정함과 동시에 반드시 이루어야 할 바를 지시하는 것은 오직 그 두 개, 쾌락과 고통뿐이다. 단순히 많은 사람에게 많은 쾌락을 산출한다면 도덕적인 것이고, 그것이 곧 행복이다."

파스칼

"인간의 불행을 가져오는 주된 원인은 자신이 방 안에 앉아 있으면서도 조용히 마음의 평화와 안식을 누릴 수 없기 때문이다. 자신이 불행하다고 생각한다면 더 깊은 불행에 빠지지 않도록 한 발자국 물러서서 삶을 관조적으로 볼 수 있도록 노력해야 한다."

데카르트

"행복은 완전히 만족한 마음을 갖는 것이다. 내면의 만족을 얻기 위해서는 열정에 휘둘리지 않고, 이성이 권하는 것은 무엇이든 실행하겠다는 단호하고 한결같은 결심이 필요하다."

볼테르

"내가 이웃집 여자처럼 멍청하다면 훨씬 더 행복할 거라고 백 번도 넘게 생각했다. 하지만 나는 그런 행복은 원치 않는다."

"나는 행복하기로 결정했다. 왜냐하면 그렇게 하는 것이 내 건강에 좋을 것이기 때문이다."

헤겔

"행복은 자기 뜻대로 되지 않은 일을 고민하지 않는 것이다. 행복은 작은 새처럼 붙잡아 두어야 한다. 될 수 있는 한 부드럽게 그리고 갑갑하지 않게 해야 한다. 작은 새는 자신이 자유롭다 생각하기만 하면 즐겨 수중에 머물러 있을 것이다."

스피노자

"진정한 행복은 돈과 권력에 있지 않고, 인간 내면의 진정한 자아를 회복할 때 이루어진다. 스스로를 자유로운 행위자로 여기는 우리의 일상 감각이 대부분 잘못된 망상이며, 내면적 성찰을 통해 이러한 깨달음을 얻게 된다면 우리는 해방될 수 있다. 이것은 우리를 아무런 짓이나 거리낌 없이 마음대로 하는 자유로운 방탕한 행위자로 만든다는 것이 아니라, 우리에게 참된 이해와 통찰을 제공해서 있는 그대로의 사물을 바로 볼 수 있게 함으로써, 허황되고 전도된 의식 세계로부터 해방되게 한다."

임마누엘 칸트

"자기 자신의 행복을 확보하는 것은 의무이다. 많은 걱정거리와 충족되지 못한 필요들에 휘둘려 자신에 대해 만족하지 않는 것은 대단히 큰 의무를 위반하는 것이다. 그러나 이런 의무와는 별개로 인간은 이미 스스로 행복에 대해 매우 강렬하고 내적인 경향성을 가지고 있다."

프리드리히 니체

"그대들이 바라는 안락이라는 것은 우리들의 목표가 아니다. 그것은 우리들에게는 종말이라고 생각되는 것이다. 그것은 인간을 조소해야 할 것, 경멸해야 할 것으로 만들며, 인간은 그것에 의해 자신의 몰락을 바라게 될 뿐이다. 행복이란 무엇인가? 힘이 증가되고 있는 느낌, 저항을 초극했다는 느낌을 말한다."

아르투어 쇼펜하우어

"모든 불행의 시작은 타인과 비교하는 것으로부터 시작된다. 우리는 이미 가지고 있는 것에 대해서는 좀처럼 생각하지 않고 언제나 없는 것만을 생각한다. 삶은 단순한데 우리는 그것을 어렵게 만든다. 인간은 다른 사람처럼 되고자 하는 욕망 때문에 스스로의 잠재력을 상실한다."

"지나치게 가벼운 배는 뒤집어지기 쉽듯이 삶에도 고통이나 근심이 없다면 방종에 빠지고 만다. 인간은 행복할 때는

자신이 행복하다는 것을 느끼지 못하지만 불행해져야 그때가
행복했다는 것을 깨닫는다."

키에르케고르

"불행한 사람은 항상 자기 자신에 대해 부재이고, 결코 현
존하지 않는다. 그는 과거에 살고 있거나 미래에 살고 있을 뿐
이다."

요한 볼프강 괴테

"인간은 현재라는 가치의 중요성을 모른다. 막연하게 보다
나은 미래를 상상하거나 그렇지 않으면 헛된 과거에 집착하고
있기 때문이다. 현재에 열중하라. 오직 현재 속에서만 인간은
영원을 알 수 있다. 자기가 하고 있는 일, 이미 한 일을 마음으
로부터 즐기는 사람은 행복하다."

"너는 왜 자꾸 멀리 가려고 하느냐. 보아라 좋은 것은 가

까이 있다. 다만 네가 바라볼 줄만 안다면 행복은 언제나 여기에 있나니. 왕이던 농부건 자신의 가정에 평화를 찾아낼 수 있는 자가 가장 행복한 인간이다."

조지 고든 바이런

"행복은 불행과 쌍둥이로 태어난다."

"슬프다! 모든 것은 한낱 꿈이었다. 미래는 멀리서부터 우리를 속였다. 우리가 회상하는 것으로 돌아갈 수도 없는데 감히 현재의 우리를 생각할 수도 없는데."

헤르만 헤세

"그대가 행복을 추구하고 있는 한, 그대는 언제까지나 행복해지지 못한다. 그대가 소망을 버리고, 이미 목표도 욕망도 없고, 행복에 대해서도 말하지 않게 되었을 때 그때에야 세상의 거친 파도는 그대 마음에 미치지 않고 그대의 마음은 비로소 휴식을 안다."

톨스토이

"이 세상에서 가장 중요한 시간은 지금 현재이다. 이 세상
에서 가장 중요한 사람은 지금 현재 내가 만나고 있는 사람이
다. 이 세상에서 가장 중요한 일은 지금 나와 함께 있는 사람
을 행복하게 해주는 일이다."

애덤 스미스

"건강하고, 빚이 없고, 양심에 거리낌이 없는 사람의 행복
에 무엇이 더해져야 하는가? 이런 사람에게는 추가되는 어떤
재산도 쓸데없는 것이라고 할 수 있다. 그리고 만약 그가 추
가된 재산에 매우 들떠 있다면, 그것은 틀림없이 지극히 가치
없는 경솔함의 결과일 것이다."

토마스 카알라일

"자기 할 일을 찾은 사람은 축복받은 사람이다. 그런 사람은 또 다른 행복을 찾을 필요가 없다. 그에게는 인생의 목적이 있기 때문이다. 일은 인간을 괴롭혀온 모든 병폐와 비참함을 막아주는 위대한 치료제다. 우리들의 중요한 임무는 멀리 있는 것이 아니라, 가까이 있는 분명한 것을 실천하는 것이다. 길을 가다 돌을 만나면 약자는 걸림돌이라 하고 강자는 디딤돌이라 한다."

"인생은 두 개의 영원 사이에서 번쩍 빛나는 한순간의 섬광이다. 인간은 내일 무슨 일이 일어날지 모르고 살아간다. 인생은 잠시 왔다가 잠시 후에 사라지는 안개와 같다. 우리는 시간을 느끼지만 누구도 그 실체를 본 사람은 없다. 시간은 우리가 딴짓을 하는 동안 순식간에 저만치 도망쳐 버린다."

카알 힐티

"행복은 당신의 앞길을 가로막고 서 있는 사자이다. 사람

들은 대체로 그것을 보고 되돌아 서고 만다. 그리하여 행복과
는 아무 관련도 없는 시시한 것으로 만족해 버린다. 행복 대
부분은 끊임없이 계속되는 일과 그에 따른 축복으로 이루어
진다. 인간의 마음은 진정한 일거리를 찾을 때처럼 유쾌한 기
분이 드는 때가 없다. 행복해지기를 바라거든 먼저 일을 시작
하라."

4. 20세기 행복론 어록

러셀

"행복은 무르익은 과실처럼 운 좋은 환경에 의해 저절로 입속에 굴러들어 오는 것이 아니다. 행복해지기를 원하는 사람은 피할 수 있는 불행과 피할 수 없는 불행, 불행의 원인을 극복할 수 있는 방법을 찾아야 한다."

지그문트 프로이트

"인간을 행복하게 하려는 의도는 천지창조의 계획에 포함되지 않았다고 말하고 싶을 정도이다. 엄격한 의미의 행복은 극도로 억제되어 있던 욕구가 충족되는 것에서 오고, 이런 일은 성격상 어쩌다 일어나는 일시적 현상으로서만 가능하다. 쾌락 원칙이 간절히 바라는 상황도 오래 지속되면 강렬한 쾌감이 아니라 가벼운 만족감을 낳을 뿐이다.

인간은 오직 대조에서만 강렬한 즐거움을 얻을 수 있고, 같은 상태에서는 거의 즐거움을 얻지 못하도록 되어 있다. 따라서 우리가 행복해질 가능성은 우리 자신의 이런 심리구조 때문에 이미 제한되어 있는 셈이다."

칼 구스타프 융

"밤이 있으며 낮이 있게 마련이고, 일 년 중 밤의 길이는 낮의 길이와 같다. 어느 정도 어두움이 있어야 행복한 삶도 존재한다. 행복에 상응하는 슬픔이 없다면 행복은 그 의미를 상실해 버린다."

아들러

"당신은 당신이 원하는 삶을 살기 위해 태어났다. 타인의 기대에 부응하려는 마음을 버리고 자신의 행복을 우선시하라. 당신의 삶을 결정하는 건 타인이 아니라 당신 자신이다. 인생의 모든 선택과 결정에는 책임이 따른다. 인간관계는 경쟁이 아닌 협력의 관계이다. 당신이 바라는 인생을 살아가는 것은 용기를 필요로 한다. 자신의 가치를 타인과의 비교에서 찾지 마라."

"과거의 잘못을 용서하고, 현재에 집중하라. 자신의 길을 따라가는 것은 미움받을 용기가 필요한 일이다. 당신은 타인의 인정이 없어도 스스로를 인정할 수 있다. 자신을 있는 그대로 받아들이고 사랑하라. 다른 사람의 문제를 당신 자신의 문제로 여기지 마라. 자신의 가능성을 믿고 도전을 두려워하지 마라. 자신이 설정한 목표를 향해 나아가는 삶이 행복의 시작이다. 행복은 다른 사람에게서 찾는 것이 아니라 자신 안에서 찾는 것이다."

에이브러햄 매슬로우

"사람의 욕구는 어느 단계에 다다르면 계속해서 더 높은 단계를 기준으로 삼기 때문에 절대적 행복이란 것은 존재하지 않는다. 또한 행복도를 수치화 또는 정량화시키는 것은 불가능하다."

칼 로저스

"인간은 완성의 존재가 아니라 되어가는 존재이므로 훌륭한 삶이란 상태가 아닌 과정이며, 목적이 아닌 방향이다."

린위탕 林語堂

"삶의 목적은 주어진 시간 동안 최대한 즐겁게 사는 일이다. 이를 위해서는 현실을 무시해서도 안되고 이상을 잊어서도 안된다. 돈을 무시해서도 안되고, 돈의 노예가 되어서도 안된다. 가족을 사랑해야 하지만 가족만 사랑해서도 안된다."

마르틴 하이데거

"만일 내가 내 삶에 죽음을 받아들이고, 그것을 인정하고 그것을 당당하게 맞이한다면 나는 죽음이라는 불안과 삶의 사소함으로부터 자유롭게 될 것이다. 그때서가 되어야 나는 나 자신이 되는 자유를 누릴 것이다."

데일 카네기

"당신이 불쾌한 기분 속으로 들어가기 때문에 모든 것이 불쾌해지는 것이다. 먼저 유쾌하게 생각하고 행동하라. 그러면 유쾌한 기분이 절로 솟아날 것이다. 이것이 평화와 행복을 가져오는 방법이다."

알베르트 아인슈타인

"고요하고 겸손한 삶이 쉼 없이 성공을 추구하는 삶보다 더 행복하다."

알랭

"행복해진다는 것은 언제나 어렵다. 그것은 많은 사건, 많은 인간과의 싸움이다. 지는 수도 있다. 어쩔 수 없는 사건이라든가, 새내기 스토어주의자로서는 감당 못할 불행이 있는 것만은 확실하다. 그러나 힘을 다해 싸운 뒤에야 비로소 졌다고 생각해야 한다는 사실은 아마도 가장 이해하기 쉬운 의무일 것이다. 그리고 내가 보기에 그보다 더 틀림없다고 생각하는 것은 바랄 때에만 행복해질 수 있다는 점이다. 그러므로 행복을 바라기만 하고 그걸 만들지 않아서는 안된다."

5. 21세기 행복론 어록

탈 벤 샤하르

"부, 명예, 존경과 같은 다른 목표들은 모두 행복을 위한 것
이다. 우리가 욕망하는 것이 물질이든 사회적인 것이든 모두
행복이라는 목표를 달성하기 위한 수단에 불과하다."

엘리자베스 퀴블러 로스

"행복이 우리의 자연스러운 상태인 반면, 인간은 불편을

더 편하게 느끼도록 훈련되었다. 이상하게도 우리는 행복에 익숙하지 않다. 때로 행복은 부자연스러울 뿐만 아니라 과분한 것으로 생각되기도 한다. 우리가 종종 누군가에 대해 또는 어떤 상황에 대해 최악의 경우를 생각하는 이유도 거기에 있다. 행복은 무슨 일이 일어나는가가 아니라, 일어난 일을 어떻게 다루는가에 달려 있다. 행복은 일어난 일을 우리가 어떻게 해석하고, 인식하고, 그 전체를 어떤 마음 상태로 받아들이는가에 따라 결정된다."

이시형
___

"한국 사람들은 말로만 '행복', '행복'하지만 행복보다는 복타령을 한다고 본다. 행복과 복은 엄연히 다르다. 서양의 'happy'라는 단어와 한국의 행복이란 단어는 서로 일치하지 않는 것 같다. 한국 사람들은 행복이란 단어를 말하면 이기적이거나 자기중심적이라고 생각하는 경향이 있다. 행복이란 말을 하면서도 행복에 대해 인색하게 생각하거나 무슨 사치스러운 말을 하는 것으로 인식하는 것 같다."

론다 번

"수천 년 동안 수많은 사람들이 매일 절박하게 행복을 찾았다. 세속적인 곳에서 행복을 찾을 수 있을 것처럼 찾아 헤맸다. 하지만 행복을 찾을 수 있는 곳은 처음부터 하나였다. 바로 우리의 본성, 즉 알아차림이다. 이 모든 상황이 우주의 커다란 농담 같아서 16년간의 속세 탐구를 마치고 마침내 자기 안에서 진실을 발견한 부처가 보리수나무 아래에서 큰 웃음을 터트린 것인지도 모른다. 생각해 보면 자기 안에서 행복을 찾을 생각을 한 사람은 역사상 극소수에 불과했다."

데이비드 호킨스

"행복은 지극히 상처받기 쉽다. 우연히 던진 말 한마디나 비판적 논평, 찌푸린 눈살, 앞에 끼어드는 차 때문에 평범한 사람의 행복이 한순간에 사라질 수 있다. 직장을 잃을 위기, 관계에 대한 불신, 불길한 예감이 드는 의사의 말, 무례한 택시 기사로 인해 우리 중 많은 사람이 하루를 망친다. 우리의 행복은 왜 그리도 허약해서 흔하디흔한 일도 온 하루를 망칠까?"

파울로 코엘료

"세상에서 가장 중요한 행복이란 걷고, 자연을 관찰하고, 명상에 잠기고, 죄책감 없이 웃고 울며, 어려움에 처한 사람을 돕는 것이다."

리처드 이스털린

"대체로 당신이 가지고 있는 것이 많을수록, 그리고 가지고 싶은 것이 적을수록 행복의 수준이 높아진다. 더 가질수록 더 갖고 싶은 게 많아지면 행복은 증가하지 않는다."

조지 베일런트

"행복은 사랑을 통해서만 온다. 더 이상은 없다."

"행복하고 건강하게 나이 들어갈지를 결정짓는 것은 지적인 뛰어남이나 계급이 아니라 사회적 인간관계이다. 인생에서 가장 중요한 것은 다른 사람들과의 관계이다."

앨빈 토플러

"21세기의 문맹은 읽고 쓰지 못하는 사람이 아니라, 배우고, 배운 것을 일부러 잊고, 다시 배우는 능력이 없는 사람일 것이다. 현명한 사람과의 1번 대화가 10년 책 공부보다 낫다. 미래는 예측하는 것이 아니고 상상하는 것이다. 따라서 미래를 지배하는 힘은 읽고, 생각하고, 정보를 전달하는 능력에 의해 좌우된다. 당신만의 전략을 갖지 못하면, 당신은 다른 누군가 전략의 부분이 될 뿐이다.

진정한 인간관계를 갖기 위해서는 관계를 맺을 뿐만 아니라 끊는 능력이 있어야 한다. 욕망을 채우려 하기보다는 줄임으로써 행복을 추구하라."

유발 하라리

"행복의 관건은 의미에 대한 개인의 환상을 폭넓게 퍼진

집단적 환상에 맞추는 것일지 모른다. 내 개인적 내러티브가 주변 사람들의 내러티브와 일치하는 한 나는 내 삶이 의미 있는 것이라고 확신할 수 있으며, 그 확신을 통해 행복을 찾을 수 있다. 이것은 꽤 우울한 결론이다. 행복은 정말로 자기 기만에 있는 것일까?"

레이 커즈와일

"2029년엔 사람과 똑같이 말하고 생각하고 감정까지 느끼는 존재가 탄생해 인류와 인공지능이 협업하는 시대가 된다. 2045년에는 인공지능과의 결합으로 인류의 육체적, 지적 능력이 생물학적 한계를 뛰어넘는 시점, 즉 특이점이 온다. 이 특이점 이후엔 지금 인류와 다른 '포스트 휴먼'이 나타날 것이다.

인공지능은 화성에서 온 외계 생명체가 아니라 인류의 삶을 더욱 풍족하게 해줄 우리의 도구이다. 인공지능의 발전에 대해 두려움을 가질 필요는 없다."

고대에서 현대에 이르기까지, 행복에 대한 사람들의 관점은 실로 다양합니다. 고대에선 행복을 인생의 절대적인 목적인 것처럼 말했다면, 현대로 넘어올수록 행복은 원래부터 내 안에 갖춰져 있는 것으로 거론되고 있습니다. 하지만 서로 모순되고 충돌하는 수많은 관점들 사이에서도 공통분모가 하나 있습니다. 지금 이 순간, 바로 오늘이 가장 중요하다는 것입니다. 오늘이란 시간은 모든 것들을 받아들여 하나로 융합시키는 거대한 바다 같습니다. 오늘의 가치를 강조했던 위대한 사상가 카알라일의 잠언으로 이 부록을 마무리합니다.

오늘을 사랑하라

토마스 카알라일

어제는 이미 과거 속에 묻혀 있고
미래는 아직 오지 않은 날이라네
우리가 살고 있는 날은 바로 오늘
우리가 사용할 수 있는 날은 오늘
우리가 소유할 수 있는 날은 오늘뿐

오늘을 사랑하라
오늘에 정성을 쏟아라

오늘 만나는 사람을 따뜻하게 대하라

오늘은 영원속의 오늘

오늘처럼 중요한 날도 없다

오늘처럼 소중한 시간도 없다

오늘을 사랑하라 어제의 미련을 버려라

오지도 않은 내일을 걱정하지 마라

우리의 삶은 오늘의 연속이다.

오늘이 30번 모여 한 달이 되고

오늘이 365번 모여 일 년이 되고

오늘이 3만 번 모여 일생이 된다. (Past and Present)